幸福社区文化建设丛书

社区征地拆迁纠纷处理指南

ZHENGDI CHAIQIAN JIUFEN

黄国泽 主编

西南师范大学出版社
国家一级出版社 全国百佳图书出版单位

图书在版编目（CIP）数据

社区征地拆迁纠纷处理指南/黄国泽主编.—重庆：
西南师范大学出版社，2015.1
（社区建设丛书）
ISBN 978-7-5621-7268-0

Ⅰ.①社… Ⅱ.①黄… Ⅲ.①土地征用－民事纠纷－
处理－中国－指南②房屋拆迁－民事纠纷－处理－中国－
指南 Ⅳ.① D922.395-62② D922.181.5-62

中国版本图书馆 CIP 数据核字（2015）第 008096 号

社区征地拆迁纠纷处理指南
SHEQU ZHENGDI CHAIQIAN JIUFEN CHULI ZHINAN
黄国泽 主编

责任编辑：	杜珍辉
封面设计：	刘洋洋　熊艳红
出版发行：	西南师范大学出版社
	地址：重庆市北碚区天生路1号
	邮编：400715　市场营销部电话：023-68868624
	http://www.xscbs.com
经　销：	新华书店
印　刷：	重庆市国丰印务有限责任公司
开　本：	720mm×1030mm　1/16
印　张：	11.25
字　数：	175 千字
版　次：	2015 年 7 月　第 1 版
印　次：	2015 年 7 月　第 1 次印刷
书　号：	ISBN 978-7-5621-7268-0
定　价：	24.00 元

若有印装质量问题，请联系出版社调换。

版权所有　翻印必究

总 编 委 会

总策划： 李远毅　郑持军

编　委（排名不分先后）：

　　　　李明辉　李会勋　秘明杰　杨胜玲

　　　　黄国泽　张冬青　陈文君　刘怀川

　　　　王　崧　张　倩　李　庆

前　言

《社区征地拆迁纠纷处理指南》是由西南师范大学出版社策划,西南大学法学院黄国泽老师撰写的。内容由上篇征收和下篇拆迁两部分组成,主要为社区居民介绍征地拆迁相关法律知识,让他们了解国家征地拆迁的法律法规及相关政策,使他们在征收和拆迁的过程中理性维权,避免矛盾激化,减少群体性事件的发生,最终形成学法、尊法、守法、用法的好风尚。

《社区征地拆迁纠纷处理指南》语言浅显,贴近百姓,普通居民都能读懂。本书以反问句设问,引出问题,每个问题由经典案例、案情重温、处理意见、法律条文、友情提示等五部分组成,使问题更具针对性,更加接地气,更加生活化。

《社区征地拆迁纠纷处理指南》在撰写过程中,参阅了国内相关著作,得到了西南师范大学出版社编辑杜珍辉同志的帮助,在此一并表示感谢。

由于水平有限,错误在所难免,希望读者在使用过程中提出宝贵意见,以便再版时修改。

作　者

2015年3月

目 录

上 篇 征 收

一、土地征收

（一）集体土地征收

1. 社区居民能抗拒地方政府违法征地的行为吗？/2
2. 社区居民能签订合同把土地直接租给企业使用吗？/4
3. A省B市政府征收农民宅基地的行为在程序上是否合法？/6
4. 省政府可以批准涉及基本农田的土地征收吗？/8
5. 政府可以随便拆除位于"城中村"的房屋吗？/10
6. 政府采用"村改居"方式将集体土地收归国有的行为合法吗？/12
7. 土地征收批准后两年内未用地的批准文件会失效吗？/14
8. 可以以政府信息公开程序确认政府征地的合法性吗？/16

（二）国有土地收回

1. 拆迁中社区居民的文物古迹如何保护？/18
2. 政府收回通过出让方式取得的国有土地使用权可以得到补偿吗？/20
3. 企业取得国有土地两年内没有使用的政府可以收回使用权吗？/21
4. 法律如何保护国有土地使用权人的权利？/23

5. 政府征地公告中要求被征地居民在 15 日以内进行权属登记的行为合法吗？/25

6. 征地补偿协议公告后法院可以强制执行吗？/27

7. 征收公告只在政府的网站上公布对被征地人有法律效力吗？/28

8. 政府在征地拆迁中只给予货币补偿的方法正确吗？/30

二、土地征收补偿与安置

(一)集体土地征收补偿与安置

1. 被征收土地的青苗补偿费应当支付给土地的承包人吗？/33

2. 放弃统一安置的村民可以要求给付安置补偿费吗？/36

3. 没有取得建设用地规划许可证的设施农用地拆迁能不能得到补偿？/38

4. 从村民变为市民未予安置补偿,纳入城市规划区后按什么标准给予补偿？/40

5. 政府部门可因征地需要费用截留农民的征地补偿款吗？/42

6. 宅基地转让后征地拆迁时能够得到补偿吗？/45

7. 如何计算被征地的土地补偿费和青苗费？/47

8. 如何计算被征地村民的安置补助费？/49

(二)国有土地征收补偿与安置

1. 违法违章建筑可以取得国家补偿吗？/52

2. 房屋所有人无土地使用权证可以取得国家补偿吗？/54

3. 签订相邻用地合同后一方违约另一方的权利如何维护？/56

4. 涉及抵押的土地被征收抵押权人的权利如何维护？/58

5. 被收回国有土地使用权的业主可以得到补偿吗？/59

6. 把业主的土地使用权转给他人,开发商得到补偿合法吗？/62

三、土地征收纠纷的救济途径

1. 小产权房买卖的合法性如何认定？/64

2. 市政府的征地拆迁文件有错误,村民如何维护自己的利益？/66

3. 陈某要求国土资源部履行行政复议的要求是否可行？/68

4. 市政府未履行征地公告的义务,村民可以起诉吗？/70

5. 张某能以原告的资格起诉省政府的行政行为吗？/72

6. 以暴力抗拒拆迁致人重伤的行为构成犯罪吗？/74
7. 被征收人对政府的补偿决定不服可以直接提起诉讼吗？/76
8. 征收时遭遇停水停电被征收人如何维权？/78

下篇 拆 迁

一、房屋拆迁主体

1. 房屋征收部门委托拆迁的,承担拆迁补偿任务的是谁？/82
2. 街道办事处能成为房屋征收的行政机关吗？/84
3. 市政府设立的专门机构可以享有房屋征收部门的工作职权吗？/86
4. 母女共居一室,如何确定被征收人？/88
5. 明确表示放弃继承权的继承人能够成为被征收人吗？/90
6. 户籍迁入主人家后遇主人房屋被征收时保姆能成为被征收人吗？/92
7. 房产证过户而土地证未过户的房屋被拆迁,如何确定被征收人？/93
8. 公司分立未办理厂房产权变更登记,被征收人如何确定？/96

二、房屋拆迁评估

1. 房屋征收部门单方委托的房地产价格评估机构出具的评估报告具有法律效力吗？/98
2. 评估机构的工作人员擅自以注册房地产估价师名义做出的评估报告具有法律效力吗？/100
3. 房屋评估价值偏低时被征收人如何维权？/102
4. 房地产估价机构可以异地作评估报告吗？/105
5. 只有一名注册房地产估价师盖章的拆迁评估报告具有法律效力吗？/107
6. 被拆迁房屋的市场评估价格的决定因素有哪些？/109
7. 被拆迁征收人拒绝在房地产价格评估机构的实地查勘记录上签字时该如何处理？/111
8. 为什么H省J县征收拆迁的房屋评估不具有公正性？/113

三、房屋征收补偿与安置

1. 对征收房屋范围内的院落、空地能否要求补偿？ /116
2. 费某的房屋可以按商业用房要求补偿吗？ /118
3. 临时建筑和自盖房屋，在征收时能否要求政府补偿？ /121
4. 被征收人不履行房屋腾退义务时该如何处理？ /123
5. 被征收人如何处理房屋征收部门没有按照补偿协议履行义务的违约行为？ /125
6. 开发商把被征收人的补偿安置房卖给他人时责任如何承担？ /127
7. 如何计算村民王某应得的房屋拆迁安置费？ /130
8. 谁承担房屋征收款被人冒领的责任？ /132
9. 翻修后的房屋被征收如何分配补偿款？ /135
10. 非在册人员可以请求分配征收补偿款吗？ /137
11. 婚前房屋被征收后补偿款如何分配？ /139
12. 被征收人能否以新的补偿标准重新签订征收补偿协议？ /141
13. 加盖房屋获取补偿款是否构成诈骗罪？ /144

四、强制拆迁、强制搬迁及房屋拆除

1. 征收补偿安置协议尚未签订，房屋就被推倒，房主如何保护自己的利益？ /147
2. 政府部门可以做出强制拆迁的决定吗？ /149
3. 城市管理执法部门有权利对违法建筑做出限期拆除的要求吗？ /151
4. 被征收人签订安置补偿协议后拒绝搬迁，政府可以实施强拆吗？ /153
5. 一审法院强制拆迁的行为是否合法？ /156
6. 被征收人的房屋遇偷拆时权利如何维护？ /159
7. H省Z市"8.9"案符合民意就可以强拆吗？ /161

附录

上篇　征收

一、土地征收

(一)集体土地征收

 社区居民能抗拒地方政府违法征地的行为吗?

【经典案例】

2002年5月至2005年8月,G省D市及其下级镇两级政府为了招商引资,把包括基本农田和耕地在内的1500余亩农村集体土地采取化整为零的办法,分批次拆分成15亩以下的面积由D市政府自行批准征地。在征地的过程中,D市政府征地程序违法,采取弄虚作假和非法的暴力手段,强行征收当地社区农民的土地,造成社区农民无地可耕。农民被迫奋起保护自己的权益,从而引起激烈的社会矛盾。而社区居民王某通过走访群众,实地调查,用居民签字、拍照等方式收集了大量反映D市政府在征地中的违法行为,并且借省长公开电话举报D市政府的违法行为,得到了省主管领导的高度重视。从而很好地解决了矛盾,维护了自己和当地群众的合法利益。社区居民王某的行为后来还得到省政府的通报表彰。

【案情重温】

本案是因政府招商引资,实施土地征收而导致纠纷的维权案例。土地征收是指国家为了公共利益的需要,依法对集体所有的土地采取强制征收的手段。由于我国的土地所有者只有国家和集体且法律规定土地不能买卖,因而对集体土地征收是转变土地所有权的唯一形式。

由于土地征收是一种带有强制性的行为,因而必须经过非常严格的程序,报国务院和省级政府两级政府审批。审批权是这样划分的:由国务院批准的有:基本农田;基本农田以外的耕地面积超过五百二十五亩的;其他土地面积超过一千零五十亩的。其余的由省、自治区、直辖市人民政府批准,并报国务院备案。同时法律还规定,为了严格执行对农用地保护政策,农用地的征收首先应进行农用地转用审批手续,然后再办理征收审批手续,也就是要取得主管部门的批准文件。显然D市政府征地的行为没有取得国务院的批准文件,是违法的,是应该被制止的。

【处理意见】

G省D市政府为了招商引资征收农村集体土地违反了"为了公共利益的需要"的目的;其次,农用地的征收没有办理农用地转用审批手续;第三,征收基本农田及其他耕地采取化整为零的方法没有报国务院审批;第四,没有给予合理补偿造成农民损失和无地可耕也是法律所禁止的;第五,社区居民王某的行为使上级政府了解了下级政府的违法行为,避免了征地过程中矛盾的升级,是应该表彰的。

【法律条文】

《中华人民共和国物权法》(下简称《物权法》)第四十二条第一款规定:为了公共利益的需要,依照法律规定的权限和程序可以征收集体所有的土地。

《中华人民共和国土地管理法》(下简称《土地管理法》)第四十四条第一款规定:建设占用土地,涉及农用地转为建设用地的,应当办理农用地转用审批手续。

第四十五条第一款规定:征收下列土地的,由国务院批准:(一)基本农田;(二)基本农田以外的耕地超过三十五公顷的;(三)其他土地超过七十公顷的。

【友情提示】

地方政府在招商引资过程中要占用基本农田等耕地必须严格按照法律规定履行相关手续,不得采用或者变相采用化整为零的方法规避上级政府的监管,损害广大农民的切身利益。

社区村民在地方政府征地过程中维护切身利益时首先应要求地方政府出具相关批文,其次要理性维权,避免矛盾升级。农民王某的行为是理性维权的典范,值得提倡。

2. 社区居民能签订合同把土地直接租给企业使用吗?

【经典案例】

2011年H省Q市某化工企业想扩大生产规模,向政府申请土地,但政府以该企业不符合用地要求而予以拒绝。该企业在董事长的提议下召开股东大会,会议以绝大多数股东的意见做出决议,决定高于农民种粮价格直接向农民租用宅基地、承包地,以解决扩大生产规模而需要的厂房问题。由于张某是董事长的小舅子,所以在董事长的游说下,张某很快就与某化工企业签订了宅基地、承包地租用合同,得到了一大笔补偿费。社区周围农民看见张某得了补偿费后纷纷效仿。该化工企业很快就租到了扩大生产规模所建厂房而需要的土地150余亩。

【案情重温】

本案是属于典型的"以租代征"的情形。那什么是"以租代征"呢?就是规避土地用途管制制度,规避农用地转用的总量控制制度,绕开土地征收审批程序,租用农民集体土地进行非农业建设的行为。它是一种新的违法占地行为,有一定的隐蔽性。"以租代征"行为的特征主要有:(1)规避农用地转用和土地征收审批程序;(2)规避履行新增建设用地土地有偿使用费缴纳义务;(3)规避履行征地补偿和安置义务;(4)规避履行耕地复垦义务。"以租代征"行为的表现形式是违反土地利用总体规划和土地利用年度计划,非法出让、转让、出租农村集体土地用于非农业建设。社区居民自行出租自己的宅基地、承包地给相关企业是一种典型的"以租代征"的情形,是违背《土地管理法》的行为。

【处理意见】

按照《中华人民共和国土地管理法》的有关规定:一方面,只有兴办乡镇企业和村民建设住宅,或者乡(镇)村公共设施和公益事业建设等情形并经依法批准可以使用农民集体所有的土地外,其他任何单位和个人进行建设需要使用农民集体所有的土地,必须先行办理农用地转用审批手续,进而办理土地征用、征收手续。另一方面,作为农村集体所有土地的所有权人,一般情况下不得将土地的使用权进行出让、转让或者出租以用于非农业建设。

据此,可以判断:本案H省Q市某化工企业与社区张某等人签订的宅基地、承包地租用合同是违背《土地管理法》的"以租代征"的违法行为,必须责令该化工企业与张某等人限期改正,没收张某等人的违法所得,并对化工企业与张某等人处以罚款。

【法律条文】

《中华人民共和国土地管理法》第四十三条规定:任何单位和个人进行建设,需要使用土地的,必须依法申请使用国有土地;但是,兴办乡镇企业和村民建设住宅经依法批准使用本集体经济组织农民集体所有的土地的,或者乡(镇)村公共设施和公益事业建设经依法批准使用农民集体所有的土地的除外。

前款所称依法申请使用的国有土地包括国家所有的土地和国家征收的原属于农民集体所有的土地。

第六十三条规定:农民集体所有的土地的使用权不得出让、转让或者出租用于非农业建设;但是,符合土地利用总体规划并依法取得建设用地的企业,因破产、兼并等情形致使土地使用权依法发生转移的除外。

第八十一条规定:擅自将农民集体所有的土地的使用权出让、转让或者出租用于非农业建设的,由县级以上人民政府土地行政主管部门责令限期改正,没收违法所得,并处罚款。

【友情提示】

现代企业在扩张过程中,往往需要大量土地进行厂房扩建。企业必须依照土地管理法的相关规定,依法申请使用国有土地,包括国家所有的土地和国家征收的原属于农民集体所有的土地。否则,不但用地违法,而且会因违法行为而没收违法所得,并处以罚款。

社区村民对自己的宅基地、承包地进行出让、转让或者出租必须依法进行,不得擅自变更为非农业建设用地,否则,同样会承担相应的法律责任。

3. A省B市政府征收农民宅基地的行为在程序上是否合法?

【经典案例】

B市因为经济发展需要扩大土地使用面积,经所在A省人民政府批准,B市人民政府可以征收集体土地123315平方米。当事人宋某的宅基地正好位于该征地范围内。B市国土局在具体负责此次土地征收的过程中,为了加快进程,直接向法院申请,要求法院向宋某等人发出土地征收强制执行听证会通知书。听证会上,B市国土局声称,由于宋某等人阻扰国家建设征用土地,导致工程进展缓慢,所以只有向人民法院递交行政决定强制执行申请书,申请法院强制执行。而宋某则辩称,没有看到国土局的征地公告,也没有获得征地补偿和安置,所以拒绝交出宅基地。后来,法院向宋某等人发出强制执行通知书。在宋某收到强制执行通知书的第三天晚上,宋某的房屋被强行拆除。

【案情重温】

本案是社区居民因宅基地征收与国土局发生争议的问题。B市国土局在执行B市人民政府征收集体土地涉及农民宅基地的过程中,没有将A省人民政府批准的建设用地批复进行公告。在没有对被征地者予以补偿之前,就申请法院举行听证会,并要求法院发出强制执行通知书,拆迁人依据强制执行通知书进行了强制拆迁,导致了宋某等人的不满。

【处理意见】

《中华人民共和国土地管理法》第四十六条、第四十七条、第四十八条要求国家征收土地须依照法定程序批准,且须由县级以上地方人民政府予以公告,并对被征地者予以补偿。按照现行多数的做法,公告内容包括:征地批准机关;被征地的所有权人、位置、地类和面积;征地补偿标准和人员安置途径;办理征地补偿登记的期限、地点;公告发布的单位名称及印章。由于B市国土局在征地拆迁中没有采取这些程序,所以尽管依据法院的强制执行通知书进行了强拆,同时强拆又在晚上进行,上级法院最终判决B市国土局给予宋某等人土地补偿金及其因强拆造成的经济损失。

【法律条文】

《中华人民共和国土地管理法》第四十六条第一款规定:国家征收土地的,依照法定程序批准后,由县级以上地方人民政府予以公告并组织实施。

第四十七条第一款、第三款规定:征收土地的,按照被征收土地的原用途给予补偿。

征收其他土地的土地补偿费和安置补助费标准,由省、自治区、直辖市参照征收耕地的土地补偿费和安置补助费的标准规定。

第四十八条规定:征地补偿安置方案确定后,有关地方人民政府应当公告,并听取被征地的农村集体经济组织和农民的意见。

《中华人民共和国行政强制法》第四十三条第一款规定:行政机关不得在夜间或者法定节假日实施行政强制执行。但是,情况紧急的除外。

【友情提示】

本案件告诉我们这样的道理:政府部门在征地拆迁中,首先要取得征地批文,其次要进行征地公告,第三不能在夜间强拆,第四要进行安置补偿。只有这样才是合法可行的。而社区居民辨别征地拆迁的合法性,也要依照这些条件来认定,从而以合理、合法的方式维护作为被征收人的利益。

4. 省政府可以批准涉及基本农田的土地征收吗?

【经典案例】

1994年,东北H省农民赵某与所在村委会签订土地承包合同,约定由其承包村内15亩耕地,承包期限30年。2000年,该地块耕地所在区域被市政府批准为粮食生产基地,划为基本农田保护区。2011年年底,赵某所在村委会告知村民,本村部分土地被征收,征地补偿标准为每亩3万元,其中也包括赵某承包的耕地。

赵某认为补偿标准太低,不愿意被征收。后来,村委会公示栏张贴了征收土地公告,公告落款显示做出此次征地批文的是H省人民政府。后来赵某委托律师向省政府提起复议,认为省政府批文征收的土地涉及基本农田,超出了省政府的权限,于法无据,请求依法撤销该征地批文。

【案情重温】

本案是基本农田征收的批准同意权问题。赵某与村委会签订了土地承包合同,后来承包的土地划作为基本农田。由于城市发展的需要政府要征收该块土地,并给出了补偿的具体标准。赵某认为补偿标准太低而不愿意被征收,在这之后赵某又从征收公告中发现征收批文不是国务院而是省政府发的,于是申请行政复议,请求依法撤销该征地批文。

【处理意见】

《中华人民共和国土地管理法》第四十五条规定了集体土地征收权限,明确规定征收基本农田的应由国务院批准。由此可以看出,无论征地规模大小,只要涉及基本农田的,省政府都无权做出征收决定。本案中赵某承包的耕地属于基本农田保护区范围,省政府做出征收的决定超出了其审批范围,应该予以撤销。

【法律条文】

《中华人民共和国土地管理法》第四十五条第一款规定:征收下列土地的,由国务院批准:(一)基本农田;(二)基本农田以外的耕地超过三十五公顷的;(三)其他土地超过七十公顷的。

【友情提示】

对于集体土地征收,政府部门应该严格按照《中华人民共和国土地管理法》的规定,严格约束不同级别政府的审批权限,不能越级批准。而对于土地承包者的维权行为而言,一定要查实所征土地是否属于基本农田的范围,因为其征收批准权有国务院或者地方省政府的区别。赵某通过行政复议使省政府撤销了土地征收批文,维护了本人的合法权益。

5. 政府可以随便拆除位于"城中村"的房屋吗？

【经典案例】

吴某家住F省Q市C村，该村属于Q市规划区。Q市Z区政府发布通告，决定对吴某家所在的地段进行拆迁。此后吴某家所在的街道办事处做出拆迁通知，决定对吴某家所在地段的民房进行拆迁安置工作。通告和通知发布后，街道办事处多次找吴某，认为其民房影响市容，也不符合城市规划，催促其搬迁。吴某认为，Z区政府在没有依据《国有土地上房屋征收与补偿条例》的规定取得拆迁许可证的情况下发布拆迁通告，行为违法。街道办事处多次上门催促，干扰其正常生活，致其精神上和经济上遭受双重损失。一气之下，吴某将Z区政府和街道办事处告上法院，请求法院撤销上述通告和公告，并赔偿其经济损失和精神损失。

【案情重温】

本案涉及的问题是城市规划区内"城中村"房屋的拆迁问题。"城中村"亦称为"都市里的村庄"，是指在经济快速发展、城市化不断推进的过程中，位于城区边缘的农村，被划入城区，在区域上已经成为城市的一部分，但在土地权属、户籍、行政管理体制上仍然保留着农村模式的村落。吴某家属于典型的"城中村"，其房屋权属仍然属于农村集体所有。Z区政府要拆迁吴某家房屋，法律上存在风险，要化解这种风险，就必须对吴某家房屋进行土地征收，改变土地的集体所有为国家所有。而Z区政府和街道办事处并没有按此操作，导致了矛盾的产生，最后被迫出庭应诉，并很有可能面临败诉的风险。

【处理意见】

法院审理后认为：吴某所在的C村属于Q市规划区的村庄，其土地没有办理国有土地征用手续，所以不适用《国有土地上房屋征收与补偿条例》。依照法律法规的规定，在城市规划区内进行建设需要申请用地的，必须持国家批准建设项目的有关文件，向城市规划行政主管部门申请，由其核定用地位置和界限，提高规划设计条件，合法取得建设用地许可证。而Z区政府和街道办事处两被告在未取得建设用地许可证、未向土地管理部门申请划拨土地的前提下，就做出拆迁通告和公告，违反法定程序。所以法院做出撤销上述通告和公告的判决，但吴某提出的赔偿经济损失和精神损失的要求没有得到支持。

【法律条文】

《中华人民共和国土地管理法》第四十三条规定：任何单位和个人进行建设，需要使用土地的，必须依法申请使用国有土地；但是，兴办乡镇企业和村民建设住宅经依法批准使用本集体经济组织农民集体所有的土地的，或者乡（镇）村公共设施和公益事业建设经依法批准使用农民集体所有的土地的除外。

前款所称依法申请使用的国有土地包括国家所有的土地和国家征收的原属于农民集体所有的土地。

第四十四条规定：建设占用土地，涉及农用地转为建设用地的，应当办理农用地转用审批手续。

【友情提示】

尽管"城中村"影响城市的美观，阻碍城市化进程，制约着城市的发展，已成为困扰许多城市发展的"痼疾"。但我们在城市化进程中要改变"城中村"房屋的产权归属，也应该依法进行征收，与村民在补偿安置达成一致的基础上，使属于农民集体所有的土地变为国有土地。"城中村"的村民也应该理解国家发展过程中的现实困难，积极促成产权变更，使我们的城市更美丽。

6. 政府采用"村改居"方式将集体土地收归国有的行为合法吗?

【经典案例】

H省S市于2002年2月25日按照《S市人民政府关于加快"城中村"改造的实施意见》将孙先生等12户村民所在的X区政府的J村的土地收归国有。该实施意见规定:"X区政府所在的城中村,没有农转非的村民全部转为城市居民,农转非后的现有集体土地转为国有土地。"2010年春节孙先生等12户村民因拆迁问题向H省人民政府申请复议,要求依法确认S市政府超越法定职权,以文件形式非法将其使用的X区政府的J村的土地转为国有土地的行政行为违法并予以撤销。后来H省人民政府的复议决定书维持了S市政府的决定。孙先生等人遂向法院提出行政诉讼。

【案情重温】

本案属于典型的通过"村改居"方式将"城中村"农民集体所有土地转为国有土地的情形,即通过将农村户口变为居民户口的形式从而把集体所有土地转为国有土地。S市于2002年2月25日在没有征得孙先生等人的同意便以文件形式确认孙先生等人占有的土地为国家所有,从而引发行政复议与行政诉讼。

【处理意见】

法院审理后认为:"村改居"只是户口性质的变化,并不导致土地所用权的变化。我国《土地管理法》规定,征收集体土地的批准权属于国务院或者省级人民政府。S市政府做出的将孙先生等12户村民所在的X区政府的J村的土地转为国家所有明显违反了《土地管理法》的规定。《国务院关于深化改革严格土地管理的决定》也明确规定,禁止擅自通过"村改居"等方式将农民集体所有土地转为国有土地。法院遂做出撤销S市政府的行政决定的判决。

【法律条文】

《中华人民共和国土地管理法》第四十五条规定:征收下列土地的,由国务院批准:(一)基本农田;(二)基本农田以外的耕地超过三十五公顷的;(三)其他土地超过七十公顷的。

征收前款规定以外的土地的,由省、自治区、直辖市人民政府批准,并报国务院备案。

《国务院关于深化改革严格土地管理的决定》第二部分第十项加强村镇建设用地的管理规定:农村集体建设用地,必须符合土地利用总体规划、村庄和集镇规划,并纳入土地利用年度计划,凡占用农用地的必须依法办理审批手续。禁止擅自通过"村改居"等方式将农民集体所有土地转为国有土地。禁止农村集体经济组织非法出让、出租集体土地用于非农业建设。改革和完善宅基地审批制度,加强农村宅基地管理,禁止城镇居民在农村购置宅基地。引导新办乡村工业向建制镇和规划确定的小城镇集中。在符合规划的前提下,村庄、集镇、建制镇中的农民集体所有建设用地使用权可以依法流转。

【友情提示】

地方政府通过"村改居"形式将农民集体所有土地收归国家所有的做法在各地非常普遍,这违反了《土地管理法》的规定,又违反了国发〔2004〕28号《国务院关于深化改革严格土地管理的决定》,村民在遇到"村改居"的问题时,一定要参照国家有关规定,掌握相关证据,积极维权。

7. 土地征收批准后两年内未用地的批准文件会失效吗？

【经典案例】

王某在H省C市S区狮子沟镇某村有宅基地一处。2006年9月，经H省人民政府批准，包括王某宅基地在内的本村800亩集体建设用地被征收为国家所有，但未实施征地补偿方案，也没有变更产权登记，王某等人也一直在自己承包的地里种植农作物。2010年9月C市S区国土局向C市S区人民政府关于注销某村第一批农村宅基地登记进行请示。同日C市S区人民政府做出批复，同意注销某村王某在内的农户宅基地使用权登记。随后，S区国土局在其网站上发布公告，注销王某等人的宅基地使用权登记，该地块正式被征收。王某对C市S区人民政府关于注销其农村宅基地登记的行政行为不服，先后申请行政复议与行政诉讼，要求保护自己的合法权益。

【案情重温】

本案属于政府取得土地征收批准文件后超过两年没有用地而与被征地农民发生争议的事例。由于H省政府已经批准征收王某宅基地在内的土地，但迟迟没有征收，王某等人在上面继续耕种，四年以后C市S区人民政府正式进行征收，因而发生争议，王某申请行政复议与行政诉讼。而C市S区人民政府拿出H省人民政府征地批准文件进行抗辩，双方矛盾迅速升级。

【处理意见】

本案的关键点在于C市S区人民政府所提交的征地批准文件是否有效。终审法院审理后认为：C市S区人民政府所提交的征地批准文件尽管是H省人民政府批准的，但征地批复做出后2年内未实施征地补偿方案，也没有变更产权登记,根本就没有实施用地行为。按照《中华人民共和国土地管理法》及国务院、国土资源部的相关规定,判决 S 区人民政府败诉。

【法律条文】

《中华人民共和国土地管理法》第三十七条第一款规定:禁止任何单位和个人闲置、荒芜耕地。已经办理审批手续的非农业建设占用耕地,连续二年未使用的,经原批准机关批准,由县级以上人民政府无偿收回用地单位的土地使用权;该幅土地原为农民集体所有的,应当交由原农村集体经济组织恢复耕种。

《国务院关于深化改革严格土地管理的决定》第四部分第十九项严禁闲置土地规定:农用地转用批准后,满两年未实施具体征地或用地行为的,批准文件自动失效。

《国土资源部关于完善农用地转用和土地征收审查报批工作的意见》第三部分第十四项规定:农用地转用和土地征收批准文件有效期两年。农用地转用或土地征收经依法批准后,市、县两年内未用地或未实施征地补偿安置方案的,有关批准文件自动失效。

【友情提示】

本案是典型的政府违反规定而导致政府败诉的案件。基层政府在向上级政府申请建设用地得到批准后,应该及时发布征收公告,制定补偿方案,实施用地行为。否则,在农民积极维权过程中政府可能承担败诉的风险。本案就是最好的例子。

8. 可以以政府信息公开程序确认政府征地的合法性吗？

【经典案例】

2009年7月，H省T市某区政府发布《关于城南大道征地拆迁的通告》，并采取各种方法要求城南大道拆迁范围内的105户村民搬迁。多数村民迫于压力，与政府签订了补偿协议，承诺在得到补偿款后及时搬迁。但是，以刘某为首的部分村民向T市政府国土局提出了政府信息公开的申请，要求公开本次征地批文等相关政府信息。迫于压力，2009年7月19日T市政府国土局做出回复，称经查询没有申请人申请公开的相关信息，此次T市某区政府的征地拆迁行为也并未办理合法征地手续，其征地拆迁行为违法。

【案情重温】

本案是在政府征地拆迁过程中，极少数村民以申请政府信息公开为由确定政府征收拆迁行为合法性的案例。由于该区政府没有取得上级政府的征地拆迁批文，尽管从形式上区政府发布《关于城南大道征地拆迁的通告》，但在村民以申请政府信息公开为由确定政府征收拆迁行为的合法性后，信息发布机关发布的信息显示该区政府并没有取得上级政府的征地拆迁批文，因而其征地拆迁的通告具有欺骗性。少数村民申请公开信息的行为最终保护了自己的利益。

【处理意见】

由于村民刘某等申请该区政府征地拆迁信息公开后，T市政府国土局经过查询政府信息系统后揭开了地方政府违法征地的盖子，T市政府要求各区政府对各自范围内的开发区用地进行自查自纠，并把T市某区政府征地拆迁的行为向全市进行了通报批评,要求征地拆迁一定要在合法的方式下进行。

【法律条文】

《中华人民共和国政府信息公开条例》第十一条规定:设区的市级人民政府、县级人民政府及其部门重点公开的政府信息还应当包括下列内容:(一)城乡建设和管理的重大事项;(二)社会公益事业建设情况;(三)征收或者征用土地、房屋拆迁及其补偿、补助费用的发放、使用情况;(四)抢险救灾、优抚、救济、社会捐助等款物的管理、使用和分配情况。

【友情提示】

在城市化的过程中,征收土地进行拆迁不可避免,但无论征地还是拆迁都必须依法进行。有关当事人可以通过信息公开的方式来监督政府的征地拆迁工作,既起到监督政府的作用,又可以更好地维护自身的合法权益。

(二)国有土地收回

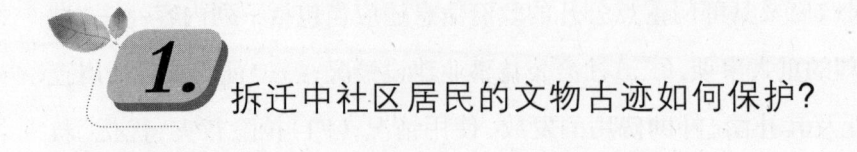

1. 拆迁中社区居民的文物古迹如何保护?

【经典案例】

W市某局为绿化环境,建设地下车库,向市国土局申请划拨了近4000平方米的土地,并向W市政府房管局申请办理了城市房屋拆迁许可证。社区居民徐某等人所有的"秦氏对照厅"是W市的市级文物,并正在积极申请省级文物保护单位。但其位置正好位于拆迁范围之内。所以徐某等人以W市政府房管局违法办理房屋拆迁许可证、破坏文物古迹为由,向法院请求撤销该房屋拆迁许可证,以保护该文物古迹。

【案情重温】

该案是房屋拆迁中的文物古迹保护问题。文物古迹保护原则是房屋拆迁中的一项重要内容。2011年颁行的《国有土地上房屋征收与补偿条例》第八条规定因文物保护需要,需征收房屋的由市、县级人民政府做出房屋征收决定。《中华人民共和国文物保护法》也规定文物古迹受国家保护。W市某局为改造绿化环境,在没有征得上一级人民政府文物行政部门同意并在本市政府的批文之前发放房屋拆迁许可证是不合法的。

【处理意见】

W市人民法院通过法庭审理,经过双方举证、质证后认为:"秦氏对照厅"是W市文物保护单位,根据国家保护文物古迹的相关规定,拆迁文物应得到有关部门的同意批准。W市政府房管局在颁发房屋拆迁许可证时,缺少文物古迹有关主管机关的同意批文,属于严重违法行为。所以法院判决撤销W市政府房管局颁发的房屋拆迁许可证。

【法律条文】

《中华人民共和国文物保护法》第九条第二款规定:基本建设,旅游发展必须遵守文物保护工作的方针,其活动不得对文物造成损害。

第十七条规定:文物保护单位的保护范围内不得进行其他建设工程或者爆破、钻探、挖掘等作业。但是,因特殊情况需要在文物保护单位的保护范围内进行其他建设工程或者爆破、钻探、挖掘等作业的,必须保证文物保护单位的安全,并经核定公布该文物保护单位的人民政府批准,在批准前应当征得上一级人民政府文物行政部门同意……

第十八条规定:根据保护文物的实际需要,经省、自治区、直辖市人民政府批准,可以在文物保护单位的周围划出一定的建设控制地带,并予以公布。

在文物保护单位的建设控制地带内进行建设工程,不得破坏文物保护单位的历史风貌;工程设计方案应当根据文物保护单位的级别,经相应的文物行政部门同意后,报城乡建设规划部门批准。

【友情提示】

在城市化过程中,如何处理好环境保护与经济发展是一个重要问题。国家相关部门如本案的W市某局应该在这方面做出表率,主管部门也应该从长远出发做出合法的批文。本案中W市人民法院撤销了市政府房管局颁发的房屋拆迁许可证是司法独立的重要体现。

2. 政府收回通过出让方式取得的国有土地使用权可以得到补偿吗？

【经典案例】

2002年8月，原告H省某建筑工程公司通过出让方式取得H市23间临时铺面及其所占土地（面积1303平方米）国有土地使用权证。2003年3月，原告取得在该地兴建超市的建筑工程规划临时许可证。2003年10月，H市规划局发出通知，政府要收回原告取得的土地做绿化建设。2004年4月，H市国土局先后两次向原告发出通知，决定收回原告土地作为绿化用地，注销相关土地权属证书。双方对赔偿问题没有达成一致意见，原告H省某建筑工程公司于是向法院提起诉讼，要求H市国土局补偿原告因出让方式取得土地使用权的费用以及因收回造成的损失。

【案情重温】

本案是原告H省某建筑工程公司通过出让方式取得的土地使用权因建绿化用地的公共利益而被收回所产生的纠纷情形。相关法律规定，因公共利益需要使用土地的可以在土地使用人使用国有土地期间进行征收。H市为了城市绿化，决定收回原告H省某建筑工程公司的用地，但却没有给原告予以补偿，原告不同意被收回，双方因此产生纠纷。

【处理意见】

法院审理后查明，原告H省某建筑工程公司通过出让方式取得了H市23间临时铺面及其所占土地国有土地使用权证，也取得了兴建超市的建筑工程规划临时许可证。在兴建超市的过程中，政府因公共利益的需要，要把土地收回作为绿化用地，这本身无可厚非，但是由于原告支付了土地使用费而取得土地使用权,那么政府在收回土地使用权时应该给予原告补偿。同时又因原告实际已经进入房屋建设阶段,赔偿原告损失也是情理之中。在法院的调解下,双方最终达成和解协议,妥善解决了纠纷。

【法律条文】

《中华人民共和国土地管理法》第五十八条规定:有下列情形之一的,由有关人民政府土地行政主管部门报经原批准用地的人民政府或者有批准权的人民政府批准,可以收回国有土地使用权:(一)为公共利益需要使用土地的;(二)为实施城市规划进行旧城区改建,需要调整使用土地的……

依照前款第(一)项、第(二)项的规定收回国有土地使用权的,对土地使用权人应当给予适当补偿。

【友情提示】

本案是企业取得国有土地使用权在先,政府收回用地进行城市绿化在后。依据信赖利益保护原则,征收行为对原告造成了利益损失,征收机关应该根据国家法律、法规进行补偿,以保护相关主体的合法利益。本案法院的处理很好地保护了原告的利益,是一个合法、合理的处理方式。

3. 企业取得国有土地两年内没有使用的政府可以收回使用权吗?

【经典案例】

2000年5月,C市陈某公司通过法定程序取得Y区四块土地,并于同年12月获得土地证和政府的开发许可。但由于资金短缺一直没有从事房地产开发。2006年底,C市以在Y区修建金山大道及排水项目为由,停止办理地块所在Y区内所有建设项目,并收回包括陈某公司在内的几十家单位共800亩国有土地的使用权。2008年初,Y区国土分局将收回的800亩国有土地的使用权采取公开拍卖的方式,拍卖给另一家公司进行房地产开发,这样一来,Y区政府赚了近2000万的收入。结果陈某公司以Y区国土分局侵犯自己权益为由把Y区国土分局告上法庭。

【案情重温】

本案是C市陈某公司通过法定程序取得的土地在规定时间内未从事房地产开发被政府无偿收回而引发的纠纷。由于陈某公司取得土地使用权后没有开发,土地一直处于闲置状态。政府以修建金山大道及排水项目等公共设施为由,将陈某公司取得的土地使用权收回,转手以公开拍卖的方式赚了2000万的资金,导致陈某公司以侵犯自己权益为由把Y区国土分局告上法庭。

【处理意见】

法院审理后查明,原告陈某公司通过法定程序取得了土地的合法使用权,在政府收回前已经闲置了六年多。根据相关法律规定,以出让方式取得土地使用权进行房地产开发的,满二年未动工开发的,可以无偿收回土地使用权。政府可以不以修建金山大道及排水项目等公共设施为由就可以将陈某公司取得的土地使用权收回,本身并不存在障碍。至于将土地使用权收回,转手以公开拍卖的方式赚了近2000万的资金,与陈某公司更无关系,于是判决原告陈某公司败诉。

【法律条文】

《中华人民共和国城市房地产管理法》第二十六条规定:以出让方式取得土地使用权进行房地产开发的,必须按照土地使用权出让合同约定的土地用途、动工开发期限开发土地。超过出让合同约定的动工开发日期满一年未动工开发的,可以征收相当于土地使用权出让金百分之二十以下的土地闲置费;

满二年未动工开发的,可以无偿收回土地使用权;但是,因不可抗力或者政府、政府有关部门的行为或者动工开发必需的前期工作造成动工开发迟延的除外。

🏠【友情提示】

本案的判决结果告诉人们:依法定程序取得的土地合法使用权进行房地产开发的,必须按照土地使用权出让合同约定的土地用途、动工开发期限开发土地;满二年未动工开发的,可以无偿收回土地使用权。至于收回以后,政府把收回的土地再做何用途与原土地使用人没有关系。

4. 法律如何保护国有土地使用权人的权利?

🔍【经典案例】

1965年3月,曾某与叔叔共同拥有在某县城西部房屋一栋及附属物厨房、饭厅等,并经县人民政府依法登记和颁发了土地房屋所有权证。曾某在叔叔病故后取得了该房产和土地使用权。1994年该县人民政府房地产管理局在曾某的土地房屋所有权证没有依法注销,也没有依法将国有土地使用权收回的情况下,将该宗土地使用权登记在某房产公司名下,并为其颁发了国有土地使用权证。曾某为此十几年来多次申诉,要求房地产管理局纠正和撤销错误,但房地产管理局以各种理由拒不改正。2008年,该县人民法院做出行政判决,撤销了房地产管理局发给房产公司的国有土地使用权证,并确认曾某持有的土地房屋所有权证合法有效。

📁【案情重温】

本案是在原使用人合法土地使用权没有收回的情况下,房地产管理局将国有土地使用权证颁发给第三人所产生纠纷的事例。曾某房屋所占土地为国有土地,当地政府在没有收回国有土地,也没有注销土地房屋所有权证前,将该宗土地使用权登记在第三人某房产公司名下,并为其颁发了国有土地使用权证。曾某多次向相关部门申诉,但问题都没有得到解决,后来只好向法院起诉。

【处理意见】

法院审理后认为:曾某房屋所占土地为国有土地,在国有土地没有被依法收回前,其土地使用权受法律保护。政府房地产管理部门在没有收回国有土地,也没有注销曾某的土地房屋所有权证前,向第三人某房产公司颁发国有土地使用权证的行为无效,侵害了原使用人的利益。法院最后做出行政判决,撤销了房地产管理部门的行政行为,并确认曾某持有的土地房屋所有权证合法有效。

【法律条文】

《中华人民共和国土地管理法》第十二条规定:依法改变土地权属和用途的,应当办理土地变更登记手续。

第十三条规定:依法登记的土地的所有权和使用权受法律保护,任何单位和个人不得侵犯。

【友情提示】

尽管我国在土地所有权方面采取国家所有和集体所有两种形式,但土地所有人依法对土地享有占有、使用和收益的权利。依法登记的土地的所有权和使用权受法律保护,任何单位和个人不得侵犯。政府房地产管理部门不能以自己掌握着土地的审批、登记、注销等职责而随意侵犯他人的权利。

上篇 征收

5. 政府征地公告中要求被征地居民在15日以内进行权属登记的行为合法吗?

【经典案例】

2005年6月,B市X区政府根据公共利益的需要,为实施"城中村"项目改造规划,扩大绿化面积,解决居民出行难问题,提高居民生活质量,需要征收部分国有土地使用权,拆迁规划内的部分居民房屋,用于该规划用地。同年8月,在该被征收土地所在地的居委会公告栏显要位置发布了征地公告,并向每户居民发出了收回国有土地和拆迁房屋的通知。通知要求,当地居民在收到通知后的15日内备齐有关资料到当地的国土局和房管局进行权属登记,以便依法获得补偿。如在接到通知规定的15日内不进行权属登记,只能依据原有的登记材料进行补偿。被拆迁人认为登记时间太短,根本无法做相关准备,于是纷纷要求政府征收部门延长土地登记期限。

【案情重温】

本案是因政府征地要求被征地人在15日内进行权属登记以确认补偿标准的案例。政府由于公共利益的需要,实施"城中村"改造,扩大绿化面积,解决居民出行问题,提高居民生活质量,需要征收部分国有土地使用权,拆迁规划内的部分居民房屋,并发出了收回国有土地和拆迁房屋的通知,在法律上是合法可行的。由于我国对征收国有土地使用权的征地登记期限没有明文规定,但被拆迁人认为15天的登记时间太短,要求政府征收部门延长土地登记期限。他们同时认为在规定期限内不进行权属登记,只能依据原有的登记材料进行补偿的方式也不正确。

【处理意见】

由于我国对征收国有土地使用权的征地登记期限没有明文规定。但征地通知要求,当地居民在收到通知后的15日内备齐有关资料到当地的国土局和房管局进行权属登记,被拆迁人认为登记时间太短,要求国土局和房管局参照针对集体土地的征地公告登记期限进行处理。经过双方协商,并报B市X区政府批准,最后同意被拆迁人45日内备齐有关资料到当地的国土局和房管局进行权属登记。同时在45日内没有登记的,补偿标准、补偿内容以有关市、县土地行政主管部门的调查结果为准。问题得到圆满解决。

【法律条文】

《征收土地公告办法》第六条规定:被征地农村集体经济组织、农村村民或者其他权利人应当在征收土地公告规定的期限内持土地权属证书到指定地点办理征地补偿登记手续。

被征地农村集体经济组织、农村村民或者其他权利人未如期办理征地补偿登记手续的,其补偿内容以有关市、县土地行政主管部门的调查结果为准。

第七条规定:有关市、县人民政府土地行政主管部门会同有关部门根据批准的征收土地方案,在征收土地公告之日起45日内以被征收土地的所有权人为单位拟订征地补偿、安置方案并予以公告。

【友情提示】

虽然我国对征收国有土地使用权的征地登记期限没有明文规定,但是社区居民还是应尽快办理,以免征地和补偿标准发生变更。

上篇 征收

6. 征地补偿协议公告后法院可以强制执行吗?

【经典案例】

因轻轨与G75高速两项省级重点工程建设需依法征收位于B区X镇张家村张某的集体土地使用权并征收该村村民的部分房屋。市征地拆迁管理办公室、B区政府、X镇政府等相关人员通过召开村民会议、发布公告等合法程序依法收回集体土地使用权并与大多数村民达成了房屋补偿协议。但村民张某认为补偿太低,多次协商未果,拒绝拆迁,成为所谓的"钉子户"。张某拒绝拆迁的行为严重影响了轻轨与G75高速公路的进展速度。后来市征地拆迁管理办公室、B区政府向法院提出物权诉讼并申请先予执行,法院支持了市征地拆迁管理办公室、B区政府的请求,强制张某搬迁,使得省级重点工程得以进行。

【案情重温】

本案是因为重点工程建设需占用村民集体土地使用权并征收该村村民的部分房屋,但个别村民认为补偿太低,拒绝拆迁,导致重点工程建设进度缓慢。该市征地拆迁管理办公室、B区政府只得向法院提起诉讼,由法院通过判决形式强制要求张某拆迁,从而很好地解决了纠纷,促进了工程的建设。

【处理意见】

法院审理案件后认为:征地补偿公告是被征土地使用权人获得补偿的信息来源,征地补偿、安置费用向被征土地使用权人予以公布,以便人们查询和监督。相关人员对征地补偿、安置费用有异议,要求举行听证的,应当举行听证会,对征地补偿、安置费用等内容进行补充。一旦达成了补偿协议,就应该严格执行,即使个别人员对补偿安置有意见,也不影响补偿安置方案的执行。于是,法院对张某的房屋实施强制拆迁。

【法律条文】

《中华人民共和国土地管理法实施条例》第二十五条规定：征地补偿、安置方案报市、县人民政府批准后，由市、县人民政府土地行政主管部门组织实施。对补偿标准有争议的，由县级以上地方人民政府协调；协调不成的，由批准征收土地的人民政府裁决。征地补偿、安置争议不影响征收土地方案的实施。

【友情提示】

现代化的发展需要土地资源，土地资源非常稀缺，所以国家严格控制土地征收，并且在程序上有相应规定。如征地补偿必须公告，对征地补偿、安置费用有异议的，都可以提出，由相关单位给予解释、补充、完善。当然一旦形成多数意见，大家都应该执行，否则可能遭遇强制执行。

7. 征收公告只在政府的网站上公布对被征地人有法律效力吗？

【经典案例】

方某在A市B区C街道拥有住房一套，房产证显示，房屋为2层，建筑面积256.3平方米。因建设城市快速通道的需要，A市B区人民政府于2011年5月5日在该政府官方网站发布了征收公告，决定对快速通道及安置地块范围内的房屋实施征收，并公布了具体的房屋征收补偿方式、价格、签约期限等事项。同时为了公正补偿，B区人民政府委托房地产评估公司为本次征收的房地产进行了价格评估。方某以没有知晓征收公告内容，同时以补偿标准太低、补偿价格不合理以及房地产评估公司不是被征收人选定为由，不与政府拆迁办公室签订拆迁协议，从而拒绝拆迁。

上 篇 征 收

【案情重温】

本案争议焦点是网上公布了征收公告能否视为被征收人知晓,进而能否产生法律效力。人民政府在网站上发布了征收方某房屋的公告,公告的内容包括了房屋征收补偿方式、价格、签约期限等事项。但当事人以补偿标准太低、补偿价格不合理以及房地产评估公司不是被征收人选定且主要以不知晓征收公告内容为由,拒绝拆迁。

【处理意见】

由于我国《国有土地上房屋征收与补偿条例》规定了房屋征收要及时公告,公告应当载明征收补偿方案和行政复议、行政诉讼权利等事项,相关部门应当做好房屋征收与补偿的宣传、解释工作。该规定要求征收公告用书面形式公布。书面形式是否包括网站上发布的公告在实践中存在争议,《国有土地上房屋征收与补偿条例》没有明确规定,但无论如何必须保证被征收人知晓相关内容。同时《征收土地公告办法》规定了征收土地方案和征地补偿、安置方案应当在被征收土地所在地的村、组内以书面形式公告。房屋征收公告可以参照该规定执行。所以A市B区人民政府应当重新发布征收公告,满足被征收人的知情权。

【法律条文】

《国有土地上房屋征收与补偿条例》第十三条第一款、第二款规定:市、县级人民政府作出房屋征收决定后应当及时公告。公告应当载明征收补偿方案和行政复议、行政诉讼权利等事项。

市、县级人民政府及房屋征收部门应当做好房屋征收与补偿的宣传、解释工作。

《征收土地公告办法》第三条规定:征收农民集体所有土地的,征收土地方案和征地补偿、安置方案应当在被征收土地所在地的村、组内以书面形式公告。其中,征收乡(镇)农民集体所有土地的,在乡(镇)人民政府所在地进行公告。

【友情提示】

由于《国有土地上房屋征收与补偿条例》关于房屋征收公告形式只有原则性规定,导致现实生活中出现政府在网站上发布房屋征收公告的方式。由于一般公民登陆政府网站的时间不多,且被征收对象中肯定有不会上网的人,所以政府在网站上发布房屋征收公告不能使公民的知情权得到满足。所以为了满足公民的知情权以及对政府行政行为的监督,政府房屋征收公告必须在被征收人所在地以书面方式公告。

8. 政府在征地拆迁中只给予货币补偿的方法正确吗?

【经典案例】

2012年6月,C市启动旧城与"城中村"改造工程,张某所在小区在此次征地拆迁范围之列。政府与开发商贴出告示,称此次征地拆迁经过被拆迁人协商由房地产评估公司对居民房屋进行评估。张某所有房屋的建筑面积为87平方米,其房屋评估价格为30万元。在商谈过程中,开发商提出,由于选址问题、房屋质量问题、建设周期问题都很难满足所有被拆迁人的要求,此次拆迁均由开发商向被拆迁人支付评估价格的货币作补偿,未安排房屋置换。张某想进行房屋置换,认为开发商的理由难以成立,遂拒绝与开发商签订拆迁补偿协议。于是双方产生纠纷,开发商把张某告上法院,请求法院判决张某签订拆迁补偿协议,并按协议执行。

【案情重温】

本案是因为开发商与被拆迁人因拆迁安置方式产生纠纷导致无法拆迁的情形。在该案中,开发商对被拆迁人的房屋价格由房地产评估公司进行评估,价格也以市场价格决定,基本上考虑了被拆迁人的利益。但在关于产权调换的问题上,开发商声称由于选址难、房屋质量无法保证、建设周期长等问题都很难满足所有被拆迁人的要求,只进行货币补偿,不安排房屋置换。因而与要求房屋置换的张某产生纠纷,矛盾只好交由法院来解决。

【处理意见】

法院经过审理后认为,政府与开发商侵犯了被拆迁人张某的产权调换选择权。《国有土地上房屋征收与补偿条例》第二十一条规定:"被征收人可以选择货币补偿,也可以选择房屋产权调换。"《〈国有土地上房屋征收与补偿条例〉实施细则》第十六规定:被征收人可以自主选择货币补偿或者房屋产权调换。选择房屋产权调换的原则要求:1.必须能够提高被征收人的居住条件;2.必须提高被征收人的居住环境;3.旧城区改建必须提供改建地段或者就近地段的安置房;4.不得用政府补助购房款并限制产权的商品房、二手房、经济适用房等部分产权房、限制产权房作为被征收人的安置房。所以法院判决开发商应该尊重被拆迁人张某的要求,依法给予张某房屋补偿安置,以维护被拆迁人的利益。

【法律条文】

《国有土地上房屋征收与补偿条例》第二十一条规定:被征收人可以选择货币补偿,也可以选择房屋产权调换。

被征收人选择房屋产权调换的,市、县级人民政府应当提供用于产权调换的房屋,并与被征收人计算、结清被征收房屋价值与用于产权调换房屋价值的差价。

因旧城区改建征收个人住宅,被征收人选择在改建地段进行房屋产权调换的,做出房屋征收决定的市、县级人民政府应当提供改建地段或者就近地段的房屋。

【友情提示】

由于《国有土地上房屋征收与补偿条例》明确规定被征收人可以选择货币补偿,也可以选择房屋产权调换。而政府与开发商为了减少自己的工作,往往采用单一的产权调换——货币补偿安置方式。尽管此种方式简便易行,但毕竟违反了《国有土地上房屋征收与补偿条例》的规定,侵犯了被拆迁人的产权调换选择权。作为被拆迁人应当理直气壮地以法律、法规作为保护自己权益的护身符。

上篇 征收

二、土地征收补偿与安置

（一）集体土地征收补偿与安置

 被征收土地的青苗补偿费应当支付给土地的承包人吗？

【经典案例】

郭某是H省S市某村农民，1990年代，与村委会签订了土地承包合同，承包了村内20亩耕地。2011年，上述土地中的8亩耕地被列入征收范围，县国土部门经过勘测、调查，就被列入征地范围的8亩耕地上的青苗情况与郭某做了确认，并签订了征地补偿协议。但是，补偿安置方案确定后，郭某却没有拿到这笔青苗补偿费。于是其多次向县政府反映此事，县政府称，青苗补偿款已经统一拨付给郭某所在村委会，郭某应当向村委会要求支付上述款项。郭某按县政府的指示找到村委会，村委会告知依照《中华人民共和国土地管理法》等相关法律规定县政府只给了土地补偿费、安置补助费以及地上附着物的补偿费，青苗补偿款按规定应该直接支付给产权人，所以村委会的费用里面没有村民的青苗补偿款。郭某实在没有其他办法，只得向法院起诉，要求法院判决县政府行为违法，并支付青苗补偿款。

【案情重温】

本案是土地承包人在土地被征收时,政府应把青苗补偿费支付给土地承包人还是发包人的争议。村民的承包地被列入征收范围后,县国土部门经过勘测、调查,就被列入征地范围的耕地上的青苗情况与承包方做了确认。但补偿安置方案确定后,承包方却没有拿到这笔青苗补偿费。县政府称,青苗补偿款已经统一拨付给发包方村委会,应当向村委会要求支付上述款项。发包方村委会告知承包方郭某补偿费用不包括青苗补偿款。承包方郭某实在没有其他办法,只得向法院起诉,要求法院判决县政府行为违法,并支付青苗补偿款给承包方。

【处理意见】

法院经过审理后认为,双方征地事实清楚,证据确实充分,对征收面积、青苗补偿标准达成了一致意见。主要争议在于被征地人郭某没有收到青苗补偿费用。法院认为,依据《中华人民共和国土地管理法实施条例》的规定,土地补偿的地上附着物及青苗补偿费归地上附着物及青苗的所有者所有。《最高人民法院关于审理涉及农村土地承包纠纷案件适用法律问题的解释》规定承包地被依法征收,承包方请求发包方给付已经收到的地上附着物和青苗的补偿费的,应予支持。《国土资源部关于进一步做好征地管理工作的通知》指出征地实施时征地补偿费用应支付给农民的,要直接支付给农民个人,防止和及时纠正截留、挪用征地补偿安置费的问题。于是法院判决县政府土地管理部门应当给被征收人土地承包人郭某青苗补偿费。至于县政府土地管理部门是不是把青苗补偿费支付给了村委会,是另外一个法律关系。

【法律条文】

《中华人民共和国土地管理法》第四十七条第一款规定:征收土地的,按照被征收土地的原用途给予补偿。

第四十七条第二款规定:征收耕地的补偿费用包括土地补偿费、安置补助费以及地上附着物和青苗的补偿费……

《中华人民共和国土地管理法实施条例》第二十六条第一款规定:土地补偿费归农村集体经济组织所有;地上附着物及青苗补偿费归地上附着物及青苗的所有者所有。

《最高人民法院关于审理涉及农村土地承包纠纷案件适用法律问题的解释》第二十二条规定:承包地被依法征收,承包方请求发包方给付已经收到的地上附着物和青苗的补偿费的,应予支持。

承包方已将土地承包经营权以转包、出租等方式流转给第三人的,除当事人另有约定外,青苗补偿费归实际投入人所有,地上附着物补偿费归附着物所有人所有。

【友情提示】

青苗补偿费是指国家征收、征用土地时,农作物正处在生长阶段而未能收获,国家给予土地承包人或者土地使用人的经济补偿。国家在法律层面已明确规定青苗补偿费为青苗所有者享有。作为县政府有责任有义务监督并保证青苗补偿费直接支付到所有者手里。县政府推脱将青苗补偿费支付给村委会,要求当事人郭某找村委会解决,是一种消极的不作为行为,没有尽到政府的职责,法院判决政府部门承担责任,能够促进政府依法行政。

2. 放弃统一安置的村民可以要求给付安置补偿费吗？

【经典案例】

常某是A省B市H县村民,头脑灵活,16岁时就进城打工,后来在城市结婚生子。2008年,因修建高速公路,常某所在村被列入征地拆迁范围。常某承包的4亩口粮田被征收,依据《土地管理法》确定的补偿标准,常某的4亩口粮田共计可获得征地补偿款5万元,安置补助费2.4万元,青苗补偿费6000元。上述征地补偿费用中,常某仅领到了6000元的青苗补偿费。相关征地补偿款、安置补助费支付给了村委会。常某找村委会索要上述征地补偿款、安置补助费,却被告知,村委会将建新村统一安置,不管是谁,相关费用不会直接支付给被征地农户。常某认为自己在城里有房子,不需要政府安置,既可以减轻政府负担,也节约资源,村委会的行为令人无法接受。于是常某以村委会侵犯了自己安置选择权为由,将村委会告上法庭,希望法院支持自己的主张。

【案情重温】

本案是征地拆迁时放弃统一安置的村民可不可以要求给付安置补偿费的典型争议。常某是A省B市H县村民,16岁时就进城打工,在城市结婚生子,在城市有稳定的工作。后来因修建高速公路,常某所在村被列入征地拆迁范围。常某承包的4亩口粮田被征收,依据《中华人民共和国土地管理法》确定的补偿标准,补偿费用包括补偿款、安置补助费,青苗补偿费。但常某仅领取了青苗补偿费,相关征地补偿款、安置补助费由村委会统一掌管,建新村统一安置,不管是谁,相关费用不会直接支付给被征地农户。常某认为自己在城里有房子,确实不需要政府安置,村委会的做法令其无法接受。于是常某以村委会侵犯了自己安置选择权为由,将村委会告上法庭。

【处理意见】

法院审理后认为：修建高速公路是一种公共利益需求，政府征收合法有据，补偿标准也经过与村民协商，得到村民认可。《中华人民共和国土地管理法》及其实施条例规定，征收耕地的补偿费用包括土地补偿款、安置补助费以及地上附着物和青苗补偿费。征用土地的安置补助费必须专款专用，不得挪作他用。需要安置的人员由农村集体经济组织安置的，安置补助费支付给农村集体经济组织，由农村集体经济组织管理和使用；由其他单位安置的，安置补助费支付给安置单位；不需要统一安置的，安置补助费发放给被安置人员个人或者征得被安置人员同意后用于支付被安置人员的保险费用。由于常某放弃村内统一安置属于不需要统一安置的，所以，法院判决村委会把安置补助费发放给被安置人员常某本人。问题得到解决。

【法律条文】

《中华人民共和国土地管理法》第四十七条第一款规定：征收土地的，按照被征收土地的原用途给予补偿。

《中华人民共和国土地管理法实施条例》第二十六条第二款规定：征收土地的安置补助费必须专款专用，不得挪作他用。需要安置的人员由农村集体经济组织安置的，安置补助费支付给农村集体经济组织，由农村集体经济组织管理和使用；由其他单位安置的，安置补助费支付给安置单位；不需要统一安置的，安置补助费发放给被安置人员个人或者征得被安置人员同意后用于支付被安置人员的保险费用。

《最高人民法院关于审理涉及农村土地承包纠纷案件适用法律问题的解释》第二十三条规定：承包地被依法征收，放弃统一安置的家庭承包方，请求发包方给付已经收到的安置补助费的，应予支持。

【友情提示】

补偿与安置是国家在征收过程中的两个非常重要的工作,补偿费用的高低由房屋征收部门拟定征收补偿方案并在征求公众意见的基础上确定。而安置现在往往采取建立新村进行安置。但法律及其司法解释规定:被拆迁者既可以接受统一安置,也拥有放弃统一安置的自愿自主权利。自主权在承包经营户手中,而不是在安置者手中,安置者不能以有地可以调整、不能用安置补偿费购地安置等理由,来剥夺承包经营户的自主权利。

3. 没有取得建设用地规划许可证的设施农用地拆迁能不能得到补偿?

【经典案例】

李某系A省B市L县村民。2000年,李某积极响应党和政府的号召,大力发展养殖业,自力更生、艰苦创业。他在村里承包农村集体土地10余亩,经营了一个养鸡场,开展蛋鸡、肉鸡等多种经营,养殖数量近万只。2012年,李某的养殖场被地方政府划入征地拆迁范围。李某心想,正好以征地拆迁作为理由,把自己的养殖场扩大。于是提出了以政府名义在远离城市的郊区为自己协调承包荒山20余亩,同时自己现有的养殖场要按相关规定补偿。但双方一直未能就补偿安置问题达成一致意见。

2013年初,B市国土局、规划局、L县区政府陆续对李某下发了《非法占地处罚通知书》《违法建设通知书》《违法建设限期拆除通知书》等文件,称李某所建养殖场用房未经合法审批,未依法申领建设用地规划许可证,违反了《中华人民共和国城乡规划法》的相关规定,属于违法建筑,限期自行拆除,逾期将予以强制拆除,没有补偿费用。

【案情重温】

本案是在农村未申领建设用地规划许可证的养殖场用房是否是合法建筑以及能否得到补偿的问题。李某作为村民发展养殖业,在村里承包农村集体土地经营养鸡场,开展蛋鸡、肉鸡等多种经营。2012年,李某的养殖场被地方政府划入征地拆迁范围。李某想借征地拆迁的补偿费用在远离城市的郊区把自己的养殖场扩大。但政府认为李某所建养殖场用房未经合法审批,未依法申领建设用地规划许可证,违反了《中华人民共和国城乡规划法》的相关规定,属于违法建筑,限期自行拆除,逾期予以强制拆除,没有补偿费用。双方就补偿安置问题产生分歧,难以达成一致意见。

【处理意见】

法院审理案件后认为本案的焦点是:农用地上建养殖场是否需要城乡规划部门颁发建设用地规划许可证,或者说在没有取得城乡规划部门颁发的建设用地规划许可证的情况下,在农用地上修建养殖场的行为是否合法,在征地拆迁时能否得到补偿。根据《国土资源部 农业部关于完善设施农用地管理有关问题的通知》规定养殖禽舍及养殖场内必要的附属设施所用地均属于设施农用地,鉴于设施农用地直接用于或者服务于农业生产,其性质不同于非农业建设项目用地,按农用地管理,相关建设占用农用地时,不需办理农用地转用审批手续,无需城乡规划部门颁发建设用地规划许可证。所以法院认为:地方政府以李某所建养殖场未经合法审批,未依法申领建设用地规划许可证,不给予补偿,限期自行拆除,逾期予以强制拆除的做法于法无据。

【法律条文】

《国有土地上房屋征收与补偿条例》第二十四条规定:市、县级人民政府及其有关部门应当依法加强对建设活动的监督管理,对违反城乡规划进行建设的,依法予以处理。

市、县级人民政府做出房屋征收决定前,应当组织有关部门依法对征收范围内未经登记的建筑进行调查、认定和处理。对认定为合法建筑和未超过批准期限的临时建筑的,应当给予补偿;对认定为违法建筑和超过批准期限的临时建筑的,不予补偿。

【友情提示】

实践中,许多农户租用或者承包农用地修建各种养殖场,直接用于或者服务于农业生产。在遇征地拆迁时,政府部门往往以非法占地、违法建筑等诸多理由,制作《非法占地处罚通知书》《违法建设通知书》《违法建设限期拆除通知书》等文件,称养殖场用房属于违法建筑,限期自行拆除,逾期予以强制拆除,没有补偿费用。对此政府部门应该严格依据《国土资源部 农业部关于完善设施农用地管理有关问题的通知》规定,切实维护养殖户的利益。

4. 从村民变为市民未予安置补偿,纳入城市规划区后按什么标准给予补偿?

【经典案例】

张某原系A省B市市郊村民。1983年张某即在村内集体土地上修建了房屋,1994年3月,国土局向其颁发了集体土地建设用地使用证,同月城乡建设委员会向其颁发了乡村房屋所有权证,都载明房屋种类属住宅。1999年,张某房屋所在区域被A省政府征收,同年12月,张某的户口由村民变成了市民。但是,其持有的乡村房屋所有权证和集体土地建设用地使用证一直未作变更,尽管身份发生了变化,但当时没有得到相关补偿。2012年下半年,张某的房屋被列入拆迁范围,张某要求按照国有土地上房屋拆迁补偿安置标准对其房屋进行安置补偿,但是政府安置办仅同意按照本地区集体土地房屋拆迁管理暂行办法执行,以房屋重置价格进行补偿。双方各持己见,难以达成一致意见。纠纷只能提交法院处理。

【案情重温】

本案是前期征收未得补偿成为居民后房屋再次被征收时以什么标准补偿而引发的拆迁纠纷。张某系市郊村民,早年在村内集体土地上修建了房屋,并取得住宅相关证明权证。后来房屋被省政府征收,张某的身份由村民变成了市民,但当时没有得到相关补偿。《国有土地上房屋征收与补偿条例》生效后,张某的房屋再被列入拆迁范围,张某要求按照国有土地上房屋拆迁补偿安置标准对其房屋进行安置补偿,政府安置办不同意。双方不能达成一致意见。纠纷交由法院处理。

【处理意见】

法院审理后认为本案的焦点在于:集体土地被征收时,未对房屋权利人予以安置补偿,后来集体土地被征收后纳入城市规划区的,应该按何种标准对房屋权利人予以安置补偿,是按照《国有土地上房屋征收与补偿条例》的相关规定,以国有土地上房屋进行征收与补偿,还是适用《中华人民共和国土地管理法》及其实施条例的规定,按照农村征地房屋补偿安置标准予以补偿。B市基层人民法院依据《最高人民法院关于审理涉及农村集体土地行政案件若干问题的规定》第十二条的规定和《最高人民法院行政审判庭关于农村集体土地征用后地上房屋拆迁补偿有关问题的答复》的内容,做出了补偿安置时房屋所在地已纳入城市规划区,人民法院支持土地权利人请求参照执行国有土地上房屋征收补偿标准判决。

【法律条文】

《中华人民共和国物权法》第四十二条第二款规定:征收集体所有的土地,应当依法足额支付土地补偿费、安置补助费、地上附着物和青苗的补偿费等费用,安排被征地农民的社会保障费用,保障被征地农民的生活,维护被征地农民的合法权益。

《最高人民法院关于审理涉及农村集体土地行政案件若干问题的规定》第十二条规定:征收农村集体土地时涉及被征收土地上的房屋及其他不动产,土地权利人可以请求依照物权法第四十二条第二款的规定给予补偿。

征收农村集体土地时未就被征收土地上的房屋及其他不动产进行安置补偿,补偿安置时房屋所在地已纳入城市规划区,土地权利人请求参照执行国有土地上房屋征收补偿标准的,人民法院一般应予支持,但应当扣除已经取得的土地补偿费。

【友情提示】

中国现阶段各地征收集体土地的做法是征地的同时必须与被征地人就补偿安置情况达成一致意见,并签订征收补偿协议。如果被征房屋所在地已经纳入城市规划区,土地权利人有权要求参照国有土地上房屋征收补偿标准进行补偿,政府征地部门应该满足土地权利人的合理要求。

5. 政府部门可因征地需要费用截留农民的征地补偿款吗?

【经典案例】

2006年,A省M市经省政府批准,征地800余亩用于发电厂建设。征地范围涉及M市某区甲镇、乙乡两个所辖的3个自然村的集体土地。在市政府上报并经省政府批准的征地方案中,征地补偿费用标准为每亩8万元,总额共计6400万元。用地单位发电厂按照上述征地费用总额,向M市征地主管部门支付了这笔补偿金。随后征地部门将该笔资金全部转拨给区政府,用于实施征地补偿。区政府接到这笔资金后,在向乡镇府拨付征地补偿费时,将征地补偿标准定为每亩7万元,并明确告知乡镇府领导,由于没有在征收公告中告知村民征地的标准,所以乡镇政府可以按每亩6万元向村集体支付补偿款。农民不知道其中的猫腻,接受了每亩6万元的征地补偿。其中的差额被区和乡镇两级政府以征地工作经费为由截留。截留的补偿费,除少部分用于征地工作的开支外,部分被几个主要领导私分,部分用于购买小汽车、建职工宿舍等项目的开支。后来区领导王某因贪污下台,才揭开事情的真相。

【案情重温】

本案是政府征地时没有公示土地价格标准而被下级政府层层侵占、截留、挪用补偿费,严重侵害村民利益的案件。2006年,A省政府批准,M市征地800余亩用于发电厂建设。在M市政府上报并经省政府批准的征地方案中,征地补偿费用标准为每亩8万元,总额共计6400万元。用地单位发电厂按照上述征地费用总额,及时向M市征地主管部门支付了这笔补偿金。区政府接到这笔资金后,开始以每亩征地补偿标准7万元向乡镇府拨付,乡镇政府按每亩6万元向村集体支付补偿款。其中的差额,被区和乡镇两级政府以征地工作经费为由截留。

【处理意见】

征地补偿体现的是国家对被征地村集体的一种补偿,同时也是对失地村民今后生产生活的一种安置措施。可以毫不夸张地说,它是失地农民的"活命钱",因此征地补偿费必须全部用于被征地村集体和农民本人。市政府征地相关部门没有对征地补偿安置方案进行公告,导致被征地的农村集体经济组织和农民不知道征地价格及补偿费用,这本身在程序上就是一种严重违法行为。区政府、乡镇政府更是一错再错,居然打起了补偿款的主意,以征地工作需要经费为由截留了部分补偿款,经过区政府、乡镇政府两级发放,每亩价格就少了两万元。任何侵占、挪用征地补偿费的行为都为法律所不容。所以事情暴露以后，纪委、监察、检察等部门迅速出击，处理了案件中所涉及的人员，追回了补偿款，重新拨付给了村集体。

【法律条文】

《中华人民共和国土地管理法》第四十八条规定：征地补偿安置方案确定后，有关地方人民政府应当公告，并听取被征地的农村集体经济组织和农民的意见。

第四十九条规定：被征地的农村集体经济组织应当将征收土地的补偿费用的收支状况向本集体经济组织的成员公布，接受监督。

禁止侵占、挪用被征收土地单位的征地补偿费用和其他有关费用。

第七十九条规定：侵占、挪用被征收土地单位的征地补偿费用和其他有关费用，构成犯罪的，依法追究刑事责任；尚不构成犯罪的，依法给予行政处分。

【友情提示】

为了确保征地补偿过程中村民利益，政府征地管理部门必须依据《中华人民共和国土地管理法》《征用土地公告办法》的规定对征地补偿安置方案进行公告、公示、公布，增加征地过程中的透明度，提高被征地村民的参与地位。这样既可以减少政府官员犯错误的可能，还能更好地保护拆迁村民的利益。

 宅基地转让后征地拆迁时能够得到补偿吗?

【经典案例】

刘某在老家某城东环路内有六间房及宅基地想一并转让,同村村民王某正好准备结婚没有新房,刘某的房子宅基地地理位置较好,交通便利,王某准备买过来后重新修建房屋。1997年,在村主任的协调下,双方于同年7月签订宅基地转让协议,协议约定刘某以3万元的价格将六间共计180平方米的宅基地转让给王某,同时刘某协助王某办理宅基地转让手续。第二年,王某出资20万元,在该地基上修建了面积500多平方米的6间四层小洋楼。但由于多种原因王某与刘某之间并没有办理宅基地转让手续。

2012年,由于修建城市轻轨,王某的房屋被列入征地拆迁范围,应得到上百万元的征地、房屋拆迁补偿。刘某以宅基地是自己占有为由,向法院起诉,请求宅基地的补偿款应该属于自己。

【案情重温】

本案是宅基地转让后被政府征收时出让者提出基地是自己占有而要求政府给予补偿款的争议案件。多年以前刘某将老家的宅基地转让给同村村民王某,双方签订宅基地转让协议,王某以3万元的价格从刘某处取得180平方米的宅基地。王某在该地基上修建了面积500多平方米的6间四层小洋楼。但王某并没有办理宅基地转让手续。后来由于修建城市轻轨,双方就征地拆迁补偿款的归属产生争议。

【处理意见】

《中华人民共和国物权法》规定,宅基地使用权人依法对集体所有的土地享有占有和使用的权利,有权依法利用该土地建造住宅及其附属设施。宅基地使用权的取得、行使和转让,适用土地管理法等法律和国家有关规定。《物权法》(草案)曾以我国农村的实际情况规定了宅基地转让的情形:宅基地使用权人经本集体同意,可以将修建的住房转让给本集体内符合宅基地使用权分配条件的农户;住房转让时,宅基地使用权一并转让。禁止城镇居民在农村购置宅基地,农户转让宅基地使用权的,不得再申请宅基地。总体来说,宅基地的买卖是无效的,但在本村村民之间买卖大多都认为是合法有效的。由于宅基地是集体所有,本村集体村民买卖宅基地没有改变宅基地的性质,也符合立法本意;同时刘某已经在城里或者别处有了固定的居住场所,加之刘某在转让宅基地时获得了相应费用,所以法院驳回了刘某的请求。

【法律条文】

《中华人民共和国土地管理法》第八条第二款规定:农村和城市郊区的土地,除由法律规定属于国家所有的以外,属于农民集体所有;宅基地和自留地、自留山,属于农民集体所有。

第九条规定:国有土地和农民集体所有的土地,可以依法确定给单位或者个人使用。使用土地的单位和个人,有保护、管理和合理利用土地的义务。

第六十二条第一款规定:农村村民一户只能拥有一处宅基地,其宅基地的面积不得超过省、自治区、直辖市规定的标准。

第六十二条第四款规定:农村村民出卖、出租住房后,再申请宅基地的,不予批准。

【友情提示】

由于我国土地的国家所有与集体所有的性质,决定了宅基地属于集体所有。我国的宅基地尽管有物权的性质,但对村民来说更多是具有福利与社会保障功能,以满足村民的基本居住条件,从而维护农村稳定,因而宅基地使用权的身份专属性和流通限制性在现有法律中仍然没有突破。所以除同一集体成员之间房屋转让外我国仍然限制宅基地的转让。由于本案是同一集体成员之间的转让,所以出让人出让土地后,在土地被征用时没有得到补偿通常是正确的。

7. 如何计算被征地的土地补偿费和青苗费?

【经典案例】

曾某是C市J区村民,由于城市建设新区的需要,2013年6月政府决定征收曾某承包的10亩耕地,耕地里正种植着水稻。由于对土地管理法的陌生,曾某不知道自己能得到多少土地补偿费和青苗费。于是曾某到了镇上,几经打听终于找到一家法律服务所,在法律工作者的帮助下,曾某得到了满意的答案。

【案情重温】

本案是政府在征收村民的承包地时如何给付土地补偿费和青苗费的事例。由于C市建设国家级新区,需要征收曾某承包的10亩耕地,耕地里正种植着水稻。曾某到法律服务所咨询能得到多少土地补偿费和青苗费,法律工作者给予了他正确的解答。

【处理意见】

土地补偿费是指为了补偿被征地单位和个人对土地进行长期投资、投工而向其支付的费用,按照《土地管理法》的规定,其计算公式是产值倍数法,具体是:土地补偿费 = 耕地被征收前三年平均年产值 × 补偿倍数 × 被征地面积。青苗费是指为弥补村民在征收土地上栽种的作物的损失而向其支付的费用,其计算公式是:青苗费 = 青苗的补偿标准 × 被征地面积。2013年C市耕地被征收前三年平均年产值政府确定为1800元每亩;2012年C市的水稻产量为800公斤,每公斤市场价格为2.5元。土地补偿费=1800元×10倍×10亩=180000元。青苗费=2.5元×800公斤×10亩=20000元。曾某的两项补偿费共计200000元。

【法律条文】

《中华人民共和国土地管理法》第四十七条规定:征收土地的,按照被征收土地的原用途给予补偿。

征收耕地的补偿费用包括土地补偿费、安置补助费以及地上附着物和青苗的补偿费。征收耕地的土地补偿费,为该耕地被征收前三年平均年产值的六至十倍。

……

被征收土地上的附着物和青苗的补偿标准,由省、自治区、直辖市规定。

《中华人民共和国土地管理法实施条例》第二十六条第一款规定:土地补偿费归农村集体经济组织所有;地上附着物及青苗补偿费归地上附着物及青苗的所有者所有。

【友情提示】

征收耕地的土地补偿费与被征收土地上的附着物和青苗的补偿标准在《土地管理法》上都有明确规定,具体标准由省、自治区、直辖市规定。一般来讲,标准都是就高不就低来具体补偿,所以土地补偿费是按10倍补偿。曾某的两项补偿费共计200000元,但曾某只能拿到青苗补偿费20000元,而土地补偿费180000元归曾某所在的农村集体经济组织所有。

 如何计算被征地村民的安置补助费?

【经典案例】

C市B县要强县升区,但由于各种指标不符合升区要求,所以县里决定征收下辖A乡土地20公顷作为城市建设工业园区用地,这一动议得到了当地村民的支持,也很快就得到C市政府的征收批复。该地区2011年的年产值为每公顷3万元,2012的年产值为每公顷2.7万元,2013的年产值为每公顷3.3万元。该土地范围内有22家农户60个村民需要安置。该市政府以被征收前该地区三年平均年产值六倍计算安置补助费。请计算每个村民的安置补偿费用。

【案情重温】

本案是征收安置补偿费的计算问题。政府征收乡土地20公顷用于建设工业园区,并得到C市政府的征收批复。该土地范围内有22家农户60个村民需要安置。前三年被征收土地年产值都已知晓。政府对农业人口的安置补助费标准以被征收前三年平均年产值的六倍确定。

【处理意见】

安置补助费是指向被征收土地的个人支付的因土地征收而丧失赖以生存的土地的一种补助费用,其具体的计算公式是:每个需要安置的农业人口的(人均)安置补助费 = 耕地被征收前三年平均年产值 × 补偿倍数;已知耕地被征收前三年平均年产值 =(3+2.7+3.3)万元 ÷3=3万元;补偿倍数以被征收前三年平均年产值六倍确定,即补偿倍数 =6。所以安置补助费 = 耕地被征收前三年平均年产值 × 补偿倍数 =3万元 ×6=18万元。

由于征地面积20公顷,共安置村民60人,所以平均每公顷3人,补偿倍数以被征收前三年平均年产值六倍确定,那么每公顷安置的人数×补偿倍数=3×6=18倍;该计算标准超过了土地管理法每公顷被征收耕地的安置补助费,最高不得超过被征收前三年平均年产值的十五倍的规定。那么只能以十五倍计算。面积20公顷最高的安置补助费总数=3万元×20×15=900万元。由于安置村民共60人,按此计算每个需要安置的农业人口的(人均)安置补助费=900万元÷60=15万元。

综上所述,政府应该拿900万元来安置农业人口,每个村民的安置补偿费用为15万元。

【法律条文】

《中华人民共和国土地管理法》第四十七条规定:征收土地的,按照被征收土地的原用途给予补偿。

征收耕地的补偿费用包括土地补偿费、安置补助费以及地上附着物和青苗的补偿费。……征收耕地的安置补助费,按照需要安置的农业人口数计算。需要安置的农业人口数,按照被征收的耕地数量除以征地前被征收单位平均每人占有耕地的数量计算。每一个需要安置的农业人口的安置补助费标准,为该耕地被征收前三年平均年产值的四至六倍。但是,每公顷被征收耕地的安置补助费,最高不得超过被征收前三年平均年产值的十五倍。

……

依照本条第二款的规定支付土地补偿费和安置补助费,尚不能使需要安置的农民保持原有生活水平的,经省、自治区、直辖市人民政府批准,可以增加安置补助费。但是,土地补偿费和安置补助费的总和不得超过土地被征收前三年平均年产值的三十倍。

【友情提示】

根据《中华人民共和国土地管理法》第四十七条的规定,计算安置补助费的公式如下:

每个需要安置的农业人口的(人均)安置补助费＝耕地被征收前三年平均年产值 × 补偿倍数。

每公顷被征收地需要安置人数 × 补偿倍数 ≥ 15 时,每公顷被征耕地的总安置费＝耕地被征收前三年平均年产值 ×15。

每公顷被征收地需要安置人数 × 补偿倍数 ≤ 15 时,每公顷被征耕地的总安置费＝耕地被征收前三年平均年产值 × 补偿倍数 × 该公顷地块需要安置人数。

所以,计算安置的农业人口的(人均)安置补助费要通盘考虑,综合计算,以免出现错误。

（二）国有土地征收补偿与安置

 **违法违章建筑可以取得国家补偿吗？**

【经典案例】

1999年1月，陈某与军区生产基地签订临时占地协议，有偿取得近300平方米的土地使用权，并取得了中国人民解放军临时用地证。1992年陈某在该基地上建设房屋。后来，基地搬迁，土地整体被国家收回，纳入城市规划用地建设。

2004年7月，原军区黄河三角洲生产基地所在地的市政府以留置送达的方式向陈某送达了建设处罚行政决定书，责令陈某于15日内自行拆除房屋，逾期将强制拆除。陈某因申请国家补偿遭拒并未自行拆除。同年8月，市政府向其送达了现场处置通知书，当日拆除了陈某房屋，陈某仍然没有得到国家补偿。

【案情重温】

本案是在军用基地上取得临时用地后，军用基地搬迁导致土地整体被国家收回时，临时用地者能否得到补偿的情形。陈某取得了某军区临时用地并修建了房屋，后来军用基地搬迁，土地整体被国家收回。当地政府为了整顿违章建筑，向包括陈某在内的相关人员下达自行拆除房屋的处罚行政决定书，陈某以没有得到土地补偿费为由拒绝自行拆除，结果遭到强制拆除。

上篇 征收

【处理意见】

由于陈某未依法取得建设工程规划许可证,建成的房屋被相关部门认定为违法违章建筑,对违法违章建筑的拆除不属于国家征收土地的行为。根据相关规定应当责令停止建设,限期拆除或者没收违法建筑物、构筑物或者其他设施,所以违法用地人,违法违章建筑物、构筑物的建造人不能取得国家补偿。

【法律条文】

《中华人民共和国城乡规划法》第六十四条规定:未取得建设工程规划许可证或者未按照建设工程规划许可证的规定进行建设的,由县级以上地方人民政府城乡规划主管部门责令停止建设;尚可采取改正措施消除对规划实施的影响的,限期改正,处建设工程造价百分之五以上百分之十以下的罚款;无法采取改正措施消除影响的,限期拆除,不能拆除的,没收实物或者违法收入,可以并处建设工程造价百分之十以下的罚款。

《国有土地上房屋征收与补偿条例》第二十四条第二款规定:市、县级人民政府作出房屋征收决定前,应当组织有关部门依法对征收范围内未经登记的建筑进行调查、认定和处理。对认定为合法建筑和未超过批准期限的临时建筑的,应当给予补偿;对认定为违法建筑和超过批准期限的临时建筑的,不予补偿。

【友情提示】

被征收人在要求政府相关部门给予补偿时一定要区分合法用地和违法用地、取得土地使用权和没有取得土地使用权、合法建筑和违法违章建筑,弄清国家土地征收与补偿的原则,做征收中合法、有理的权利维护者。

2. 房屋所有人无土地使用权证可以取得国家补偿吗?

【经典案例】

胡某祖母1969年去世后留下的住宅位于K市护国路,属于国有单位自建住房。1993年换产权登记证时,住宅所有人登记为胡某等六人共有。1999年2月,K市土地管理局进行土地审核登记,确定房产登记人拥有土地使用权,出具了相关材料,但没有向房产共有人颁发土地使用证。2012年10月,K市政府对胡某所在片区进行城市土地使用权制度的改革,决定注销、收回该片区用户的国有土地使用权,并将该片区的土地使用权给了K市房屋开发总公司。后来在城市大规模开发的过程中,胡某等六人共有的房屋被拆迁。但胡某等人只得了房屋补偿款,没有得到土地补偿款,于是胡某等人将K市政府、K市房屋开发总公司告上法院,要求确定政府与开发商的行为违法,并给予土地补偿款。

【案情重温】

本案是国有单位自建住房取得房产证没有取得土地使用权证,在征收时能否得到土地补偿款而产生争议的情形。胡某祖母为胡某等六人留下的单位自建住宅,取得房产证但没有取得土地使用权证。后来由于城市规划的原因,胡某所在片区被作为城市土地使用权制度的改革试点地,政府将该片区作为大规模房地产开发用地,胡某所在片区被征收、拆迁,但政府只给其房屋补偿,不给土地补偿,引起胡某等不满,官司诉至法院。

【处理意见】

由于我国曾经实行计划经济,很多城市房屋是在没有取得土地使用权的基础上修建的,属于土地划拨性质,形成了事实上的无权使用。房屋也带有福利性质,后来确定产权时房屋价格也比较低。土地划拨具有无偿性,土地使用人既然没有向国家支付土地使用费,根据对价原则,在国家收回土地使用权时就无需向土地使用人支付补偿费,《国有土地上房屋征收与补偿条例》也只明确规定对房屋价值等费用给予补偿。所以最后法院在查明事实的基础上,认为,政府不予补偿的行政行为合法,于是驳回了胡某的起诉。

【法律条文】

《国有土地上房屋征收与补偿条例》第二条规定:为了公共利益的需要,征收国有土地上单位、个人的房屋,应当对被征收房屋所有权人(以下称被征收人)给予公平补偿。

第十七条第一款规定:作出房屋征收决定的市、县级人民政府对被征收人给予的补偿包括:(一)被征收房屋价值的补偿;(二)因征收房屋造成的搬迁、临时安置的补偿;(三)因征收房屋造成的停产停业损失的补偿。

【友情提示】

国家征用划拨的土地时,在征收土地范围内的房产,房屋权利占有人能取得房屋拆迁补偿,但不能取得土地使用权补偿。同理,无论基于何种理由,用地人在国有土地上建造房屋,只要没有采取有偿方式取得国有土地使用权,对房屋所占有的土地都不能因国家征收行为而取得土地使用权的补偿。

3. 签订相邻用地合同后一方违约另一方的权利如何维护?

🔍【经典案例】

S市某房地产开发公司从政府手里购得土地一块,以"观景"为理念设计并建造观景商品住宅楼。为此,开发商与地块前面的学校签订协议,学校在20年内不得在观景商品住宅楼前兴建高层建筑,为此房地产开发公司每年向学校支付10万元人民币作为补偿。协议签订一年后,学校响应市政府要求招收农民工子女学习的号召,只好在观景商品住宅楼前兴建了16层高层教学楼。由于教学楼修建,导致16楼以下房屋根本不好卖,购买了的业主也纷纷要求房地产开发公司退房并赔偿损失。房地产开发公司为了维护自身利益以学校违约为由向法院起诉。

📁【案情重温】

本案是所谓地役权而引起的纠纷。什么叫地役权?是指与提供土地的人约定,对其提供的土地加以利用,并为此支付一定费用给供地人的用地情形。S市某房地产开发公司以"观景"为理念设计并建造观景商品住宅楼。为了使观景商品住宅楼真正具有"观景"效果,房地产开发公司与观景商品住宅楼前面的学校签订了地役权合同,要求学校不得在观景商品住宅楼前兴建高层建筑,为此每年向学校支付10万元人民币作为补偿。但协议签订一年后,学校在观景商品住宅楼前兴建了16层高层教学楼,导致房地产开发公司损失严重。房地产开发公司为了维护自身利益以学校违约为由向法院起诉。

【处理意见】

地役权是《物权法》规定的一种用益物权,是利用他人的不动产,以提高自己的不动产的效益的权利。开发商与学校签订地役权合同合法有效,是双方真实意思,开发商按约支付了补偿费用,而学校没有按照合同约定,允许地役权人利用其土地,妨害地役权人行使权利,导致开发商损失巨大。法院审理认为,房地产开发公司向学校主张违约责任,要求给予补偿的诉讼能够得到支持。

【法律条文】

《中华人民共和国物权法》第一百二十一条规定:因不动产或者动产被征收、征用致使用益物权消灭或者影响用益物权行使的,用益物权人有权依照本法第四十二条、第四十四条的规定获得相应补偿。

第一百五十九条规定:供役地权利人应当按照合同约定,允许地役权人利用其土地,不得妨害地役权人行使权利。

【友情提示】

地役权是《物权法》规定的一种用益物权。在我国很多临江、临海的地段,房地产开发商为了吸引人们的眼球,往往以江景房、海景房等方式宣传自己的产品,为了使自己的产品成为名副其实的江景房、海景房,房地产开发商可以与他人采取书面形式签订地役权合同,有权按照合同约定,利用他人的不动产,以提高自己的不动产的效益。而供役地人必须允许地役权人利用其土地,不得妨害地役权人行使权利。

4. 涉及抵押的土地被征收抵押权人的权利如何维护？

【经典案例】

甲企业为国有企业，以其部分厂房及其附着范围内的国有土地使用权为抵押物，向银行借款。后该厂房及其附着范围内的国有土地被国家收回，土地管理部门通过招投标的方式进行公开拍卖，乙公司支付价款取得房屋所有权及其附着范围内的国有土地的使用权，并对其进行房地产整体开发。到还款期限时，甲企业无力还款，银行将债务人甲企业和买受人乙公司诉至法院，请求保护抵押权人的利益。

【案情重温】

本案是企业用厂房抵押向银行借款而厂房后来被征收，抵押权人银行利益如何维护的问题。甲企业为国有企业，由于经营缺乏资金，遂以其部分厂房及其附着范围内的国有土地使用权为抵押物，向银行借款。后该厂房及其附着范围内的国有土地被国家收回，土地管理部门通过招投标的方式进行公开拍卖，乙公司支付价款取得房屋所有权及其附着范围内的国有土地的使用权，并对其进行房地产整体开发。到还款期限甲企业却无力还款，抵押权人将债务人甲企业和买受人乙公司诉至法院，请求保护自己的利益。

【处理意见】

根据我国《物权法》和《担保法》的规定和立法精神，国家有关部门在明知国有企业的不动产已经抵押的情况下，为了公共利益的需要，是可以对该不动产进行征收或者征用的。由于买受人乙公司取得抵押的不动产时是善意的并且支付了费用，因而拥有了该财产的物权，排除了包括抵押权人在内的人的非法干涉,所以抵押权人将买受人乙公司诉至法院的行为是不当的,买受人作被告是主体不合格,为此法院不予支持。作为抵押权人的银行只能要求债务人甲企业还债,并可以主张对该不动产征用后获得的补偿金优先受偿。

【法律条文】

《中华人民共和国物权法》第四十二条第三款规定:征收单位、个人的房屋及其他不动产,应当依法给予拆迁补偿,维护被征收人的合法权益。

《最高人民法院关于适用〈中华人民共和国担保法〉若干问题的解释》(法释〔2000〕44号)第八十条规定:在抵押物灭失、毁损或者被征用的情况下,抵押权人可以就该抵押物的保险金、赔偿金或者补偿金优先受偿。

抵押物灭失、毁损或者被征用的情况下,抵押权所担保的债权未届清偿期的,抵押权人可以请求人民法院对保险金、赔偿金或补偿金等采取保全措施。

【友情提示】

在不动产已经抵押的情况下,为了公共利益的需要,可以对该不动产进行征收,但应给予必要的、合理的补偿。如果债务人无力清偿,善意买受人不应当承担债务人的还款责任。抵押权人可以通过起诉债务人,主张对被处分财产所获得的补偿金优先受偿,来保护自己作为抵押权人的利益。

5. 被收回国有土地使用权的业主可以得到补偿吗?

【经典案例】

2012年12月,Z省Q市国土资源局做出《收回国有土地使用权通知书》,通知宣某等28人:根据《土地管理法》《Z省实施〈土地管理法〉办法》《国有土地上房屋征收与补偿条例》及有关规定，将收回宣某等28人在城区的国有土地使用权，收回中涉及的房屋补偿事宜由用地主体某建设银行负责，具体拆迁事务由拆迁办牵头处理。宣某等28人的住宅国有土地使用权证予以注销，并在收到通知书后的15日内将土地证交回。后来某建设银行通知宣某等人，根据Q市国土资源局补偿文件的规定，补偿款只有房屋及其附属物的补偿费用，没有土地使用权的补偿费用。宣某等28人认为，没有土地使用权的补偿费用，补偿就不公平。经过与Q市国土资源局协商，问题依然没有得到解决，于是宣某等28人只好以国土资源局作被告向法院起诉，请求拿回土地补偿款。

【案情重温】

本案涉及城市房屋的所有人在房屋被拆迁、土地被征收时对土地使用权人的补偿问题。宣某等28人的住宅国有土地使用权被收回，土地使用权证予以注销，但用地部门以该市国土资源局补偿文件的规定为由却不给予相应补偿。宣某等人认为不补偿土地使用权费用不公平，因为当初购买房屋时其价款包括了土地使用费，因与国土资源局没有达成协商意见，于是向法院起诉，希望通过法院的判决解决双方的争议。

【处理意见】

法院受理该案后，经过双方举证，对于被告国土资源局征收原告宣某等28人的住宅国有土地使用权的合法性双方不持异议。但关于补偿问题被告以《国有土地上房屋征收与补偿条例》第十七条的规定予以抗辩，认为该条没有规定征收土地使用权要给予补偿；而原告宣某等人认为关于补偿问题原告应该以《中华人民共和国土地管理法》第五十八条规定给予土地使用权人原告宣某等28人适当补偿。法院根据公平原则，因为原告购买房屋时支付了土地使用费，同时《中华人民共和国土地管理法》的法律效力高于《国有土地上房屋征收与补偿条例》，并且《国有土地上房屋征收与补偿条例》没有提及土地使用权补偿问题。所以法院支持了原告宣某等人的主张，判决要给予土地使用权人原告宣某等28人适当补偿。

【法律条文】

《中华人民共和国土地管理法》第五十八条规定:有下列情形之一的,由有关人民政府土地行政主管部门报经原批准用地的人民政府或者有批准权的人民政府批准,可以收回国有土地使用权:(一)为公共利益需要使用土地的;(二)为实施城市规划进行旧城区改建,需要调整使用土地的……

依照前款第(一)项、第(二)项的规定收回国有土地使用权的,对土地使用权人应当给予适当补偿。

《国有土地上房屋征收与补偿条例》第十七条第一款规定:作出房屋征收决定的市、县级人民政府对被征收人给予的补偿包括:(一)被征收房屋价值的补偿;(二)因征收房屋造成的搬迁、临时安置的补偿;(三)因征收房屋造成的停产停业损失的补偿。

【友情提示】

国有土地使用权收回是否补偿原土地使用权人,按照现行法律的规定,要看土地使用权人取得土地的方式是划拨,还是出让。不能一概以公共利益或者旧城区改造需要实施征收就不考虑相对权利人的利益,这种思维方式是不对的。法院的判决扭转了政府工作的理念,很好地维护了当事人的利益。

6. 把业主的土地使用权转给他人，开发商得到补偿合法吗？

【经典案例】

陈某等人于2011年6月购买了T市某房地产公司开发的永安大厦楼盘，双方签订了商品房买卖合同，合同的附件中标明了商品房设计和环境布局，即永安大厦只有几幢住宅楼，未标明有绿地、公园等公共活动场地。在永安大厦楼盘建设过程中，房地产公司又取得了永安大厦楼盘旁边的教育局的土地使用权，经过三平一整，使之与永安大厦楼盘连成一片。后来，教育局的土地和永安大厦楼盘建设剩余的部分土地被T市国土资源和房屋管理局收回，房地产公司因此得到大笔土地补偿费用。由于永安大厦楼盘地面面积减少，所以房地产公司向T市国土资源和房屋管理局申请变更土地登记申请书。T市国土资源和房屋管理局重新为永安大厦核发了国有土地使用权证。

陈某等人认为，T市国土资源和房屋管理局未经所有业主同意，将永安大厦楼盘的部分土地收回，业主又没有得到土地补偿款，严重侵犯了他们的合法权益，遂向法院提出诉讼。

【案情重温】

本案是业主购买房屋后，业主楼盘的一部分被政府收回所产生的补偿纠纷。陈某等人为某房地产公司开发的楼盘的业主。后来该楼盘部分土地被T市国土资源和房屋管理局收回，房地产公司因此得到大笔土地补偿费用，且重新为该楼盘核发了国有土地使用权证。为此部分业主认为，T市国土资源和房屋管理局未经所有业主同意，将楼盘的部分土地收回，且不给予业主补偿，严重侵犯了他们的合法权益。

【处理意见】

法院审理后认为，T市国土资源和房屋管理局收回房地产公司取得的原教育局的土地使用权，符合《中华人民共和国土地管理法》第二条第四款"国家为了公共利益的需要，可以依法对土地实行征收或者征用并给予补偿"的规定。但在收回土地使用权时超出了范围，损害了其他楼盘业主的利益，因为超出的土地既没有经过业主同意，又没有给业主补偿，《中华人民共和国城镇国有土地使用权出让和转让暂行条例》明确规定"地上建筑物、其他附着物的所有人或者共有人，享有该建筑物、附着物使用范围内的土地使用权"。所以法院最后判决开发商将政府的补偿费增加20%后补偿给业主，纠纷最终得到妥善解决。

【法律条文】

《中华人民共和国土地管理法》第二条第四款规定：国家为了公共利益的需要，可以依法对土地实行征收或者征用并给予补偿。

《中华人民共和国城镇国有土地使用权出让和转让暂行条例》第二十四条第一款规定：地上建筑物、其他附着物的所有人或者共有人，享有该建筑物、附着物使用范围内的土地使用权。

【友情提示】

国有土地使用权被征收的补偿对象为土地使用权人。对于土地使用权存有争议或者土地使用权不明的，行政机关应对争议或者不明土地权属予以确认。多个主体共同拥有的土地使用权如果被征收，多个主体均对该补偿享有权利。本案中开发商与业主共同享有土地使用权，所以业主的要求最终得到保证。

三、土地征收纠纷的救济途径

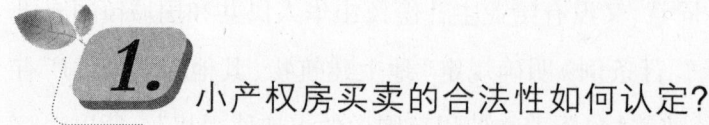

1. 小产权房买卖的合法性如何认定？

【经典案例】

2002年，画家李某与农民马某签订了房屋买卖协议，约定购买位于B市T区所谓的画家村的房屋八间及院落，价款45000元。后来，政府在画家村重新规划产业园区和道路，画家村很多院落面临征地拆迁，按征地拆迁时的房价，房主会得到巨额的拆迁补偿。由于李某与马某买卖房屋时按照政策规定不能办产权转移手续，所以房产证仍然在马某手里。马某一方面用房产证向政府拆迁办申请拆迁补偿，另一方面马某向法院起诉要求确认双方签订的房屋买卖协议无效，请求返还房屋。李某提出反诉，请求确定房屋买卖有效，并要求马某承担因违约给自己造成的经济损失。

【案情重温】

本案是因小产权房买卖后政府征地拆迁补偿时买卖双方产生争议的案件。画家与农民签订了房屋买卖协议，购买农民的八间房屋及院落，给付了相应价款。后来，政府对房屋所在地重新规划产业园区和道路，造成很多院落面临征地拆迁，按征地拆迁时的房价，房主会得到巨额的拆迁补偿。由于李某与马某买卖房屋时按照政策规定不能办理产权转移手续，所以马某仍然是房屋的所有人。马某想得到巨额拆迁补偿，向法院起诉要求确认双方签订的房屋买卖协议无效,请求返还房屋。李某反诉马某,问题变得复杂起来。

【处理意见】

2007年12月,法院判决认为,本买卖是典型的"小产权房"交易。根据《土地管理法》及国务院相关政策,该房屋买卖协议无效,李某应腾退房屋。但法院同时认定马某为导致协议无效的主要责任方,应该对李某的经济损失进行赔偿,判决马某支付李某房屋及其添附部分的费用。同时马某还得赔偿李某的经济损失,李某的经济损失以出卖人马某因土地升值或拆迁补偿所获的利益,以及房屋现值和原价的差异所造成损失两因素予以确定。最后法院以房屋市值的70%判决马某支付。双方没有异议,达成执行意见。

【法律条文】

《中华人民共和国土地管理法》第四十三条规定:任何单位和个人进行建设,需要使用土地的,必须依法申请使用国有土地;但是,兴办乡镇企业和村民建设住宅经依法批准使用本集体经济组织农民集体所有的土地,或者乡(镇)村公共设施和公益事业建设经依法批准使用农民集体所有的土地的除外。

第六十三条规定:农民集体所有的土地的使用权不得出让、转让或者出租用于非农业建设;但是,符合土地利用总体规划并取得建设用地的企业,因破产、兼并等情形致使土地使用权依法发生转移的除外。

《国务院办公厅关于加强土地转让管理严禁炒卖土地的通知》规定:农民的住宅不得向城市居民出售,也不得批准城市居民占用农民集体土地建住宅,有关部门不得为违法建造和购买的住宅发放土地使用证和房产证。

【友情提示】

农村房地产流转的法律法规存在严重空白和滞后性是造成目前小产权房转让纠纷不断产生的主要原因,各地法院及政府实务部门对纠纷的处理也不同。如果是村集体内部村民之间转让是有效的;如果是经过规划部门规划的,主要为旧村改造项目的且将来能取得房屋所有权证的小产权房，因系合法建造，根据《物权法》相关规定，房屋所有人对房屋享有物权，因此将房屋出售的合同有效；如果未经行政部门许可，则房屋系违章建筑，不得买卖。当务之急是国家层面尽快出台相关法律法规，使得司法实务部门的处理满足法律效果与社会效果的检验。

2. 市政府的征地拆迁文件有错误，村民如何维护自己的利益？

【经典案例】

2007年C市政府发布了《C市征地房屋拆迁补偿安置管理办法》，该办法规定"在城市规划区范围内因城市开发建设征收、征用集体土地实施房屋拆迁，并需要对房屋所有权人补偿安置的，适用本办法"。该办法第七条规定：实施房屋拆迁应当遵循下列程序：(一)进行拆迁调查；(二)拆迁人向市、区、县政府拆迁管理机构提出拆迁申请；(三)市、区、县政府拆迁管理机构发布拆迁公告；(四)拆迁人与被拆迁人签订拆迁补偿安置协议；(五)拆迁人按照拆迁安置补偿协议进行补偿安置；(六)实施房屋拆除。该办法第八条规定：拆迁人申请核发征地房屋拆迁补偿安置通知书，应当向被拆迁房屋所在地的市、区、县政府拆迁管理机构提交相关资料。在具体拆迁过程中村民认为其行为违法，同时被拆迁人对政府以管理办法的方式确认公司作为拆迁人的合法性提出怀疑，认为规定违法了行政许可法的相关规定，要求对政府颁布的管理办法进行处理。

【案情重温】

本案是讨论政府部门颁布的拆迁补偿安置管理办法这种抽象行政行为设置拆迁人的合法性争议。C市政府为了规范和推动城市规划区范围内因城市开发建设征收、征用集体土地实施房屋拆迁,并需要对房屋所有权人进行补偿安置的工作,制定了《C市征地房屋拆迁补偿安置管理办法》。该办法规定了实施房屋拆迁应当遵循的程序,特别提出了拆迁人向市、区、县政府拆迁管理机构提出拆迁申请,拆迁人与被拆迁人签订拆迁补偿安置协议以及拆迁人按照拆迁安置补偿协议进行补偿安置等内容规定。但被拆迁人对政府以管理办法的方式确认公司作为拆迁人的合法性提出怀疑,要求对政府颁布错误管理办法的行为进行处理。

【处理意见】

C市政府收到群众要求对《C市征地房屋拆迁补偿安置管理办法》这种针对不特定对象发布,能反复适用的行政规范性文件及抽象行政行为进行审查的提议后非常重视。该案为政府制定抽象行政行为提出了更为严格的要求。经审查:该规定允许开发商作为拆迁人对集体土地房屋进行拆迁,违反了《中华人民共和国土地管理法》《中华人民共和国土地管理法实施条例》的规定。后来C市政府对《C市征地房屋拆迁补偿安置管理办法》进行了修改,删除了开发商作为拆迁人的违法规定。政府知错就改的行为得到了村民的赞赏。

【法律条文】

《中华人民共和国行政复议法》第七条第一款规定:公民、法人或者其他组织认为行政机关的具体行政行为所依据的下列规定不合法,在对具体行政行为申请行政复议时,可以一并向行政复议机关提出对该规定的审查申请:(一)国务院部门的规定;(二)县级以上地方各级人民政府及其工作部门的规定;(三)乡、镇人民政府的规定。

【友情提示】

在中国,征地房屋拆迁工作在一段时间内将长期存在。为了规范征地拆迁工作,立法机关、政府部门制定并颁布了大量的法律、法规,以让拆迁法律关系的主体都在法律规定的权利义务的范围内进行。但是,由于各种原因,政府规定出现瑕疵在所难免,本案就是在出现瑕疵的情况下,村民提起行政复议要求政府进行修改处理的典例。

 陈某要求国土资源部履行行政复议的要求是否可行?

【经典案例】

　　陈某是S省X市一公司法定代表人,公司2000年末取得了X市政府的用地批复。2001年初,陈某与公司所在的村委会签订协议,约定其对土地享有50年的使用权,并取得了村镇规划选址意见书,其后在该村土地上修建了公司厂房并取得了集体土地使用权证。2010年10月,因铁路建设工程的需要,在未签订拆迁补偿协议也未见到合法评估报告的情况下,陈某公司被铁路建设工程指挥部组织人员强行拆除。公司被拆除后,有关人员找到陈某,称依据工程方的评估,可支付陈某200余万元的补偿款。2011年10月,陈某通过政府信息公开程序,了解到此次铁路建设用地是国土资源部批准的,遂以公司名义于2011年12月21日向该部申请行政复议,国土资源部于12月26日收到陈某的复议申请,并与12月31日向陈某发出了补正通知,要求陈某就国土资源部批准用地的决定侵犯其合法权益提供相关证明文件。2012年1月15日,陈某将公司营业执照副本复印件、法定代表人身份证明书、组织机构代码证复印件、集体土地使用权证复印件等材料提交国土资源部。期间当地地方政府多次找陈某协商,但终因分歧太大,未能协商一致。直至6月15日,国土资源部以申请人未在规定的时间内提供补充材料为由,把相关材料退还申请人。申请人不服,遂向法院提起诉讼。

【案情重温】

本案是某公司对其被征地拆迁不服而向做出征地拆迁的国土资源部申请复议的案件。陈某是 S 省 X 市一公司法定代表人,公司取得了村镇规划选址意见书和集体土地使用权证。2010 年 10 月,因铁路建设工程的需要,在未签订拆迁补偿协议也未见到合法评估报告的情况下,以可支付 200 余万元的补偿款使公司被强行拆除。2011 年 10 月,陈某公司通过政府信息公开程序,了解到此次铁路建设用地是国土资源部批准的,遂以公司名义于 2011 年 12 月 21 日向该部申请行政复议,后应国土资源部要求补齐了各种材料。直至 6 月 15 日,国土资源部以申请人没有在规定的时间内提供补充材料为由,把相关材料退还申请人。申请人不服,遂向法院提起诉讼。要求判令被告履行行政复议职责,依法做出复议决定。

【处理意见】

受理此案的法院是×市第一中级人民法院。庭审中,国土资源部称,原告陈某公司未能就用地批准侵犯公司的合法权益提供证明文件,故将其申请材料退回。法院审理后认定,依据《中华人民共和国行政复议法》的相关规定,被告作为国务院部门,具有受理原告行政复议申请并做出处理的法定职责,复议机关收到复议申请后,应当在法定期限内对复议申请和补正材料进行审查,并做出处理。被告在 2012 年 6 月 15 日将原告材料退回的做法缺乏法律依据,遂判决责令被告于本判决生效后 30 日内针对原告的要求做出复议决定。

【法律条文】

《中华人民共和国行政复议法》第十七条规定:行政复议机关收到行政复议申请后,应当在五日内进行审查,对不符合本法规定的行政复议申请,决定不予受理,并书面告知申请人;对符合本法规定,但是不属于本机关受理的行政复议申请,应当告知申请人向有关行政复议机关提出。

除前款规定外,行政复议申请自行政复议机关负责法制工作的机构收到之日起即为受理。

《中华人民共和国行政复议法实施条例》第二十九条规定:行政复议申请材料不齐全或者表述不清楚的,行政复议机构可以自收到该行政复议申请之日起5日内书面通知申请人补正。补正通知应当载明需要补正的事项和合理的补正期限。无正当理由逾期不补正的,视为申请人放弃行政复议申请。补正申请材料所用时间不计入行政复议审理期限。

【友情提示】

依法负有履行行政复议法定职责的机关,应当严格依照《中华人民共和国行政复议法》《中华人民共和国行政复议法实施条例》的规定,对申请材料进行处理。对于有关补正期限、受理期限法律有明确规定的,申请人、复议机关都应该严格遵守,依法解决双方的争议。

4. 市政府未履行征地公告的义务,村民可以起诉吗?

【经典案例】

刘某是F省F市村民,承包本村土地从事蔬菜种植。2009年至2010年间,刘某所在村委会多次贴出通知,声称要征用本村的菜地。由于村民未得到补偿,所以拒绝交地。2011年4月5日,村委会用推土机强制将刘某的蔬菜地铲平。后来,刘某所在区政府默许开发商强行占地,未给村民刘某分文补偿。法律援助律师介入案件后,用证据表明本次征地未进行公告,程序违法。针对市政府未履行征地公告的行为向F市中级人民法院提起行政诉讼,要求确认被告不履行征地公告法定职责的不作为行为违法。F市中院做出行政裁定,认为公告行为是实施土地征收必须履行的程序之一,并非独立的具体行政行为,依法不属于人民法院行政诉讼受案范围,裁定驳回起诉。当事人不服,遂向F省高级人民法院提起上诉。

【案情重温】

本案是村民起诉市政府未履行征地公告的不作为案件。刘某作为村民,承包本村土地从事蔬菜种植。刘某所在村委会多次贴出通知,声称要征用本村的菜地,刘某拒绝交地。后来村委会用推土机强制将刘某的蔬菜地铲平,开发商强行占地,未给村民刘某分文补偿。法律援助律师介入案件,针对市政府未履行征地公告的行为向F市中级人民法院提起行政诉讼,要求确认被告不履行征地公告法定职责的不作为行为违法。F市中院做出行政裁定驳回起诉。当事人再向F省高级人民法院提起上诉。

【处理意见】

F省高级人民法院受理案件后,通过书面审理,做出终审行政裁定,认为F市人民政府作为组织实施土地征收的法定机关,具有依照法律、法规、规章的规定履行征地公告的法定职责。上诉人针对被上诉人不履行征地公告法定职责,有权提起行政诉讼,属于行政实施受案范围,符合法定起诉条件,人民法院应当依法受理。最终裁定撤销F市中级人民法院的行政裁定,指令F市中级人民法院对本案重新审理。

【法律条文】

《中华人民共和国土地管理法实施条例》第二十五条第一款规定:征收土地方案经依法批准后,由被征收土地所在地的市、县人民政府组织实施,并将批准征地机关、批准文号、征收土地的用途、范围、面积以及征地补偿标准、农业人员安置办法和办理征地补偿的期限等,在被征收土地所在地的乡(镇)、村予以公告。

《征收土地公告办法》第三条规定:征收农民集体所有土地的,征收土地方案和征地补偿、安置方案应当在被征收土地所在地的村、组内以书面形式公告。其中,征收乡(镇)农民集体所有土地的,在乡(镇)人民政府所在地进行公告。

《中华人民共和国行政诉讼法》第二条规定:公民、法人或者其他组织认为行政机关和行政机关工作人员的具体行政行为侵犯其合法权益,有权依照本法向人民法院提起诉讼。

【友情提示】

在中国,民告官的官司很难打,本案就是真实写照。解决打行政案件难的问题不是一朝一夕的事情。很多法院以"征地公告行为是实施土地征收必须履行的程序之一,并非独立的具体行政行为"为由,认为被征地村民的起诉不属于人民法院行政诉讼受案范围,法院的理由显然不能成立。本案高级人民法院的终审裁定确认了地方政府不实施征地公告行为属于法院受案范围。

5. 张某能以原告的资格起诉省政府的行政行为吗?

【经典案例】

张某系F省F市村民,20世纪90年代,因与乡镇企业发生债务纠纷,原属于乡镇企业所有的一栋厂房通过人民法院判决给张某用于抵消债务。近二十年来,张某一直在该厂房内生产经营,但未办理相关土地使用权证及房屋产权证。2011年,该厂房所在区域被列入征地拆迁范围。2012年3月,张某通过信息公开程序得知F省人民政府于2011年针对上述土地做出了批准征地决定。于是张某便以个人名义向人民法院提起行政诉讼,要求确认F省人民政府征地批准行为违法,并撤销征地批文。法院审理后做出一审裁定,以张某不能提供所涉土地的权属证书为由,认定其不具备原告诉讼主体资格,裁定驳回其起诉。

【案情重温】

本案是因债权人取得债务人的厂房所有权后,因征地拆迁所产生的纠纷案件。张某因与乡镇企业发生债务纠纷,乡镇企业所有的一栋厂房通过人民法院判决给张某抵消债务。张某在该厂房内生产经营,但未办理产权证书。后来F省人民政府做出批准征地决定,张某厂房被列入征地拆迁范围。张某认为其侵犯了自己的利益,便向人民法院提起行政诉讼,法院审理后做出一审裁定,张某不具备原告诉讼主体资格,驳回其起诉。

【处理意见】

本案中,当事人作为土地的实际使用权人,这符合农村集体土地的实际情况:使用人没有土地权属证书。当事人在债权债务纠纷处理过程中取得了对方的厂房,并有法院的判决。但由于当时没有制定《物权法》,双方产权没有变更登记。那么张某是否与拥有土地权属证书的主体一样,对涉及其使用或者实际使用的集体土地的行政行为享有起诉权呢?遗憾的是,法院以当事人无法提供所涉土地的权属证书,不具备原告诉讼主体资格为由,裁定驳回起诉。然而法院的裁定明显违反了《最高人民法院关于审理涉及农村集体土地行政案件若干问题的规定》,张某可以在收到法院裁定书的10日以内向上一级法院提起上诉的方式维护自己的合法权益。

【法律条文】

《中华人民共和国物权法》第四条规定:国家、集体、私人的物权和其他权利人的物权受法律保护,任何单位和个人不得侵犯。

第一百四十五条规定:建设用地使用权转让、互换、出资或者赠与的,应当向登记机构申请变更登记。

《最高人民法院关于审理涉及农村集体土地行政案件若干问题的规定》第四条规定:土地使用权人或者实际使用人对行政机关作出涉及其使用或实际使用的集体土地的行政行为不服的,可以以自己的名义提起诉讼。

【友情提示】

以厂房或者土地来履行债权债务的,特别是债权人一定要保留财产转移的证据,是动产的一定要履行交付手续,是不动产及其附属物的一定要进行登记办理过户手续,以确保自己的权利。本案就是典型的没有进行登记且没有办理过户手续产生的争议。由于一审法院认定事实错误,所以导致案件错判。

6. 以暴力抗拒拆迁致人重伤的行为构成犯罪吗?

【经典案例】

孙某在A市B区农村拥有6间平房。2012年5月B区政府拟将孙某所在村征地进行房地产开发,B区政府没有进行张贴征地公告、征求意见、听证等程序,只是派工作人员进行测量,然后直接找评估机构评估,单方面确定了补偿款。在孙某没有签订拆迁补偿协议的情况下,B区政府就将补偿款打到村委会的账号上,请村委会转给孙某。2012年8月,B区政府口头通知孙某在8月15日以前搬离,否则,政府将强拆。孙某认为区政府的行为违法,拒绝办理。8月17日,区政府、公安、公证处及工程队50余人来到孙某的家,首先给孙某阐明关系,晓以利害,但孙某就是听不进去,转换不了观念,僵持近一天仍然没有进展。晚上工程队一司机自行上推土机准备推孙某的房子。情急之下,孙某爬上推土机,将司机踢下工作台,开着推土机冲向人群,造成1人重伤、6人轻伤的惨剧。孙某随即被公安人员控制,以妨害公务罪被刑事拘留。后被判刑,房屋也被强拆。

【案情重温】

本案是业主对政府在程序上违法拆迁维权不当而酿成悲剧的案件。孙某在农村拥有6间平房。由于政府征地拆迁程序违法,在没有与孙某签订拆迁补偿协议的情况下,口头通知孙某搬离,孙某拒绝办理。孙某一怒之下开着推土机冲向人群,造成重伤惨剧。

【处理意见】

本案是政府工程队强拆孙某的房子,导致孙某开着推土机冲向人群,造成1人重伤、6人轻伤的惨剧。事实清楚,证据充分,定性准确,符合妨害公务罪的构成要件。但孙某及其律师认为,由于政府强拆违法在先,政府也有过错,于是提起上诉。二审法院将孙某刑罚改判为3年有期徒刑,缓刑5年。尽管如此,此事对孙某的教训仍是深刻的。

【法律条文】

《国有土地上房屋征收与补偿条例》第三十二条规定:采取暴力、威胁等方法阻碍依法进行的房屋征收与补偿工作,构成犯罪的,依法追究刑事责任;构成违反治安管理行为的,依法给予治安管理处罚。

《中华人民共和国刑法》第二百七十七条规定:以暴力、威胁方法阻碍国家机关工作人员依法执行职务的,处三年以下有期徒刑、拘役、管制或者罚金。

以暴力、威胁方法阻碍全国人民代表大会和地方各级人民代表大会代表依法执行代表职务的,依照前款的规定处罚。

在自然灾害和突发事件中,以暴力、威胁方法阻碍红十字会工作人员依法履行职责的,依照第一款的规定处罚。

故意阻碍国家安全机关、公安机关依法执行国家安全工作任务,未使用暴力、威胁方法,造成严重后果的,依照第一款的规定处罚。

【友情提示】

随着现代化、城镇化的加快,拆迁规模不断加大。当面对政府的强制拆迁行为,老百姓在采取自力维权时,头脑一定要清醒,依法维权,避免孙某悲剧的再次发生。当然,政府在拆迁前,要合法拆迁,同时要采取拆迁风险评估,减少不必要危险的产生。

7. 被征收人对政府的补偿决定不服可以直接提起诉讼吗?

【经典案例】

艾某的房屋位于C市B区解放路1号,2011年6月C市因修建文化博物馆将艾某的房屋列入征收范围。因一直未能就征收补偿安置问题与房屋征收部门协商一致,艾某拒绝签订房屋拆迁补偿协议,房屋迟迟没有拆迁,造成文化博物馆不能如期修建,影响工作进度。后来C市政府按照征收补偿方案直接做出补偿决定,并在艾某所在社区进行了公告、宣传,同时房屋征收部门向艾某送达了征收补偿决定书。艾某仍然觉得补偿太低,在收到征收补偿决定书的第二天向法院起诉,要求撤销C市政府做出的房屋征收补偿决定。

【案情重温】

本案是对政府的补偿决定有异议直接提起的诉讼的实例。市政府因修建文化博物馆将艾某的房屋列入征收范围,但由于未能就征收补偿安置问题与房屋征收部门达成一致,房屋所有人拒绝签订拆迁补偿协议,导致文化博物馆不能如期修建。于是政府直接做出补偿决定,并通知了征收拆迁当事人。当事人向法院起诉,要求撤销房屋征收补偿决定。

【处理意见】

一审法院认为,原告未经行政复议程序直接向法院起诉,不符合《行政诉讼法》的规定,所以裁定驳回起诉,不予受理。原告不服,向上一级人民法院提起上诉。二审法院认为,依照《国有土地上房屋征收与补偿条例》"被征收人对补偿决定不服的,可以依法申请行政复议,也可以依法提起行政诉讼"的规定,裁定撤销一审裁定,发回重审。原审人民法院重新组成合议庭审理该案,最后认为政府的征收决定,事实清楚,证据充分,程序合法,而补偿是否合理不是法庭审理的内容,做出维持C市政府补偿决定的判决。

【法律条文】

《国有土地上房屋征收与补偿条例》第二十六条规定:房屋征收部门与被征收人在征收补偿方案确定的签约期限内达不成补偿协议,或者被征收房屋所有权人不明确的,由房屋征收部门报请作出房屋征收决定的市、县级人民政府依照本条例的规定,按照征收补偿方案作出补偿决定,并在房屋征收范围内予以公告。

补偿决定应当公平,包括本条例第二十五条第一款规定的有关补偿协议的事项。

被征收人对补偿决定不服的,可以依法申请行政复议,也可以依法提起行政诉讼。

【友情提示】

《国有土地上房屋征收与补偿条例》中明确规定被征收人对征收补偿决定不服的,可以依法申请行政复议,也可以依法提起行政诉讼。同时按照《行政诉讼法》的规定还可以先申请行政复议,对复议不服再申请行政诉讼。通常情况下,建议被征收人应该首先申请行政复议,而不要直接提起行政诉讼。其理由如下:首先经过复议机关的行政复议,相对于被征收人在诉讼程序之外多了一次维权救济的途径。同时先复议后诉讼,可以延长维权的过程,为自身留下充足的准备时间。

 8. 征收时遭遇停水停电被征收人如何维权?

【经典案例】

1990年,牟某经合法审批在J省Q市一镇上修建了一栋商住楼。2011年初,修建城市立交桥的规划通过J省发改委的立项,牟某的商住楼位于征收拆迁范围。3月,市政府公布了征地拆迁的补偿标准。牟某认为补偿标准偏低,未与房屋征收部门签订征收补偿协议。8月初,房屋征收部门通过邮政快递向牟某送达征收拆迁通知书,通知书要求牟某在9月30日前签署征收补偿协议,否则不能享受专项奖励。同时告知,由于施工需要,届时将停水停电。牟某没有理会,在规定的时间内没有到房屋征收部门签订补偿协议。10月1日,人们都在享受国庆黄金假期的时候,房屋征收部门指使自来水公司、电力公司对牟某停水停电,迫使牟某搬迁。国庆黄金长假结束后牟某以房屋征收部门为被告就其停水停电迫使住户搬迁的行为提起行政诉讼,指控被告停水停电的行为违法,并责令被告立即停止侵害、恢复原状、赔偿损失。

【案情重温】

本案是被征收人不签订征收补偿协议,政府房屋征收部门停水停电而引发的维权案件。牟某合法修建了一栋商住楼,后来由于城市规划需要征收。由于补偿标准偏低,双方没有达成补偿协议。房屋征收部门依法下达征收拆迁通知书,要求牟某在规定的时间内签署征收补偿协议,同时告知届时将停水停电。

牟某没有理会,房屋征收部门对牟某停水停电。停水停电后牟某把房屋征收部门告上法庭。

【处理意见】

法院审理后认为,作为房屋征收部门的被告,应采取妥当的合法方式、有效的措施完成相关征收安置工作,以求良好的社会效果,不能因目的的重要性而偏离依法行政的轨道实施行政行为。被告也不能提供任何证据证明被诉行政行为的合法性,所以依法确认该行政行为为非法。由于房屋已经被拆除,停止侵害、恢复原状客观上已不可能,故不予支持。至于赔偿损失,由于原告没有提出具体数额,法院也无法确定,待庭审后双方协商妥善解决。

【法律条文】

《中华人民共和国行政强制法》第四十三条第二款规定:行政机关不得对居民生活采取停止供水、供电、供热、供燃气等方式迫使当事人履行相关行政决定。

《国有土地上房屋征收与补偿条例》第三十一条规定:采取暴力、威胁或者违反规定中断供水、供热、供气、供电和道路通行等非法方式迫使被征收人搬迁,造成损失的,依法承担赔偿责任;对直接负责的主管人员和其他直接责任人员,构成犯罪的,依法追究刑事责任;尚不构成犯罪的,依法给予处分;构成违反治安管理行为的,依法给予治安管理处罚。

【友情提示】

实践中被征收人经常遭遇房屋征收部门或开发商以停水、停电、停暖的方式企图迫使处于弱势的被征收人签订补偿协议。作为被征收人应及时采取法律手段维权,以争取主动。这有利于处理争议,使合法行为得到申张,违法行为得到及时追究,从而在征收博弈中寻找有利的方式。当然在遭遇停水、停电、停暖时,被征收人也可以选择民事诉讼的方式,即告供水、供电、供暖公司的违约行为来维护自己的利益。

下篇　拆迁

一、房屋拆迁主体

 房屋征收部门委托拆迁的，承担拆迁补偿任务的是谁？

🔍【经典案例】

C市B区政府准备对旧城实施改造，为了提高拆迁工作效率，B区政府房屋征收部门将拆迁事务委托给拆迁公司进行。拆迁公司接受委托后，与拆迁范围内的被征收人分别签订了拆迁补偿协议。约定被征收人自行解决周转房，拆迁公司按其原住宅面积每平方米500元进行补偿；如果被征收人愿意回迁的，按每平方米2900元的优惠价卖给被征收人。拆迁补偿协议签订以后，被征收人迟迟没有拿到补偿款。当被征收人找到区政府房屋征收部门讨要拆迁补偿款时，区政府房屋征收部门推诿说，既然拆迁补偿协议是被征收人与拆迁公司签订的，区政府房屋征收部门不是合同的一方，当然不承担补偿义务。被征收人又向拆迁公司索要时，拆迁公司声称是为区政府房屋征收部门办事，没有义务支付补偿款。由于被征收人没有拿到补偿款，于是诉至法院，要求区政府房屋征收部门与拆迁公司承担连带责任。

📁【案情重温】

本案是房屋征收部门委托拆迁公司拆迁，被征收人没有得到补偿款而与房屋征收部门和拆迁公司发生纠纷时谁承担责任的问题。政府对旧城实施改造，将拆迁事务委托给拆迁公司进行。拆迁公司与拆迁范围内的被征收人分别签订了拆迁补偿协议。拆迁补偿协议签订以后,区政府房屋征收部门与拆迁公司相互推诿导致被征收人拿不到补偿款。被征收人起诉区政府房屋征收部门与拆迁公司,要求二被告承担连带责任。

【处理意见】

本案的焦点是房屋征收部门委托拆迁公司拆迁,被征收人没有得到补偿款而将房屋征收部门和拆迁公司诉至法院,谁承担民事责任的问题。法院经过审理后认为,房屋征收部门委托拆迁公司拆迁,符合《国有土地上房屋征收与补偿条例》第五条规定,合法有效。拆迁公司与被征收人签订的拆迁补偿协议也是双方真实意思表示,协议合法有效。拆迁公司拒绝履行拆迁补偿协议,拒绝支付补偿款的行为已经对被征收人构成违约,应承担违约责任。房屋征收部门没有负责监督好拆迁公司实施的房屋征收与补偿行为,因此应对拆迁公司行为后果承担法律责任。法院最后判决房屋征收部门在判决生效后的15个工作日内支付补偿款给被征收人。

【法律条文】

《国有土地上房屋征收与补偿条例》第四条规定:市、县级人民政府负责本行政区域的房屋征收与补偿工作。

市、县级人民政府确定的房屋征收部门(以下称房屋征收部门)组织实施本行政区域的房屋征收与补偿工作。

……

第五条规定:房屋征收部门可以委托房屋征收实施单位,承担房屋征收与补偿的具体工作。房屋征收实施单位不得以营利为目的。

房屋征收部门对房屋征收实施单位在委托范围内实施的房屋征收与补偿行为负责监督,并对其行为后果承担法律责任。

《中华人民共和国合同法》第三百九十六条规定:委托合同是委托人和受托人约定,由受托人处理委托人事务的合同。

第四百零二条规定:受托人以自己的名义,在委托人的授权范围内与第三人订立的合同,第三人在订立合同时知道受托人与委托人之间的代理关系的,该合同直接约束委托人和第三人,但有确切证据证明该合同只约束受托人和第三人的除外。

【友情提示】

《国有土地上房屋征收与补偿条例》规定市、县级人民政府确定的房屋征收部门组织实施本行政区域的房屋征收与补偿工作。为此房屋征收部门可以委托房屋征收实施单位,承担房屋征收与补偿的具体工作。但房屋征收实施单位具体承担房屋征收与补偿的工作后,房屋征收部门的责任并没有免除或者减轻,当房屋征收实施单位没有按照拆迁补偿协议履行自己的义务时,房屋征收部门作为拆迁主体必须承担房屋征收实施单位的违约给被征收人造成的损失与责任。

2. 街道办事处能成为房屋征收的行政机关吗?

【经典案例】

C市成立了新区,B区是新区的组成部分,为了加速B区的新区所在地的建设步伐,B区政府召开相关街道办事处和镇政府主要领导干部会,希望主要领导开拓思路,解放思想,无论想什么思路、用什么办法,都要将新区用地征收起来。会后为了尽快落实区政府的指示,某街道办事处成立了征地拆迁办公室。刘某的企业厂房正好坐落于新区中心属于拆迁范围,于是街道办事处多次找刘某协商签订拆迁补偿协议,但是刘某认为自己的企业因拆迁所遭受的停业、停产及其他财产损失远远大于拆迁补偿款的数额,于是拒绝签订拆迁补偿协议,双方为此产生矛盾。街道办事处认为刘某的行为拖了拆迁工作的后腿,于是组织人员对刘某的企业实施了强拆。刘某为此诉至法院,要求街道办事处承担损害赔偿责任。

【案情重温】

本案是未签订拆迁协议而遭强拆的被征户与街道办事处的纠纷案例。被征收户刘某的企业厂房坐落于新区中心属于拆迁范围,街道办事处找刘某协商签订拆迁补偿协议,刘某认为拆迁补偿款的数额太低,拒签拆迁补偿协议,双方为此产生矛盾。街道办事处组织人员对刘某的企业实施了强拆。刘某为此诉至法院,要求街道办事处承担损害赔偿责任。

【处理意见】

法院审理后认为:根据我国法律法规的规定,街道办事处是市、区(县)人民政府的派出机关,在没有市、县级人民政府委托的情况下,根据《国有土地上房屋征收与补偿条例》的规定,街道办事处不具有房屋征收与补偿的工作职权,更无权对拆迁范围内的房屋采取强制拆迁措施,街道办事处的行为严重侵害了刘某的财产权,应当承担侵权损害赔偿责任。

【法律条文】

《国有土地上房屋征收与补偿条例》第四条规定:市、县级人民政府负责本行政区域的房屋征收与补偿工作。

市、县级人民政府确定的房屋征收部门(以下称房屋征收部门)组织实施本行政区域的房屋征收与补偿工作。

……

第五条规定:房屋征收部门可以委托房屋征收实施单位,承担房屋征收与补偿的具体工作。房屋征收实施单位不得以营利为目的。

房屋征收部门对房屋征收实施单位在委托范围内实施的房屋征收与补偿行为负责监督,并对其行为后果承担法律责任。

第二十八条第一款规定:被征收人在法定期限内不申请行政复议或者不提起行政诉讼,在补偿决定规定的期限内又不搬迁的,由作出房屋征收决定的市、县级人民政府依法申请人民法院强制执行。

【友情提示】

街道办事处是市、区(县)人民政府的派出机关,履行一定的行政职责。但根据《国有土地上房屋征收与补偿条例》的规定,街道办事处不负责房屋征收与补偿工作。房屋的强制拆迁由做出房屋征收决定的市、县级人民政府依法申请人民法院强制执行,街道办事处没有执行权。

 市政府设立的专门机构可以享有房屋征收部门的工作职权吗?

【经典案例】

2012年1月,为确保50条小街小巷整治工作的顺利进行。L市人民政府成立了L市中心地区小街小巷整治工作拆迁协调小组,小组下设办公室,简称小街巷整迁办。2012年3月,小街巷整迁办接到L市国土资源与房管局联合以市政府的名义下达的通知,要求小街巷整迁办对育才街A、B、C路共186户居民实施房屋拆迁。第二天,小街巷整迁办发布拆迁公告,将拆迁范围、拆迁对象、拆迁期限等内容予以公告。

李某系育才街A路居民,属于拆迁房屋的拆迁对象,有私房两栋,在拆迁确定的期限内,被征收拆迁人李某一直与小街巷整迁办就补偿问题无法取得一致意见。拆迁期限一拖再拖,后来李某经"高人"指点,说小街巷整迁办属于临时机构,没有房屋征收与补偿工作的职责。李某遂向L市中级人民法院起诉,要求小街巷整迁办撤回征收拆迁公告,并赔偿原告李某的经济损失。

【案情重温】

本案是被征收人认为政府成立的临时机构不具有征地拆迁的权能而引发

纠纷的情形。2012年1月,地级市L市人民政府临时成立了L市中心地区小街小巷整治工作拆迁协调小组,小组下设办公室,称小街巷整迁办。为了工作开展,小街巷整迁办将拆迁范围、拆迁对象、拆迁期限等内容予以公告。李某系拆迁房屋的拆迁对象,有私房两栋,在拆迁确定的期限内,李某与小街巷整迁办不能就补偿问题取得一致意见。后来李某认为小街巷整迁办属于临时机构,没有房屋征收与补偿工作的职责。于是向L市中级人民法院起诉,要求小街巷整迁办撤回征收拆迁公告,并赔偿原告李某的经济损失。

【处理意见】

法院审理后认为:根据《国有土地上房屋征收与补偿条例》第四条的规定,房屋征收与补偿的主体是市、县级人民政府。组织实施者是市、县级人民政府确定的房屋征收部门,通常又分两种情况:一是市、县级人民政府设立专门的房屋征收部门,如本案的小街巷整迁办;二是在现有的部门如房地产管理部门、建设主管部门中确定一个部门作为房屋征收部门。所以小街巷整迁办尽管是临时的,但符合相关规定。小街巷整迁办发布的拆迁公告是合法有效的。最后,法院驳回了李某的起诉。

【法律条文】

《国有土地上房屋征收与补偿条例》第四条第一款、第二款规定:市、县级人民政府负责本行政区域的房屋征收与补偿工作。

市、县级人民政府确定的房屋征收部门(以下称房屋征收部门)组织实施本行政区域的房屋征收与补偿工作。

【友情提示】

在拆迁工作中,很多地方是在原有的相关部门中如房地产管理部门、建设主管部门确定一个部门作为市、县级人民政府房屋征收部门,也有的成立新的房屋征收部门,无论哪种机构都可以代表市、县级人民政府行使房屋征收与补偿工作。

4. 母女共居一室，如何确定被征收人？

【经典案例】

B市C区政府准备对城市危旧房实施改造提档升级，为了提高工作效率，C区政府房屋征收部门将拆迁事务委托给拆迁公司进行。拆迁公司接受委托后，与拆迁范围内的被征收人分别签订了拆迁补偿协议。协议约定所有拆迁范围内的被征收人如果在2012年3月5日前搬家交房，拆迁公司将协助并敦促C区政府房屋征收部门一次性向被征收人支付拆除房屋补偿款、搬家补助费及拆迁补助费。政府房屋征收部门依约一次性向被征收人支付了上述费用。所有被征收人在收到政府支付的款项后都搬迁到别处居住。但是吴某之女张某认为，自己一直与母亲吴某居住在一起，在别处无住房，拆迁公司与其母签订的拆迁补偿协议没有征求她的意见，补偿与安置问题她不清楚，签协议时本人也不在场，所以她不同意腾房。由于张某的行为影响拆迁进度，给拆迁公司造成了损失，万般无奈之下，拆迁公司向法院起诉，要求吴某、张某履行拆迁协议——腾房搬迁。

【案情重温】

本案是与被征收人吴某共居一室的女儿张某在拆迁过程中不愿腾房所发生的纠纷案件。政府在对城市危旧房实施改造提档升级的过程中，一次性向被征收人吴某支付了拆除房屋补偿款、搬家补助费及拆迁补助费。吴某承诺在协议约定的时间内搬家交房。但是吴某之女张某认为，自己一直与母亲吴某居住在一起，在别处无住房，补偿与安置她应该也有份。但现在的补偿协议没有她的补偿，所以她不同意腾房。双方纠纷最后只能诉诸法院，腾房搬迁只好由法院解决。

【处理意见】

法院认为,吴某作为房屋的所有权人,有权占有、使用或者处分该房屋,在征收拆迁时是被征收房屋所有权人即被征收人,拆迁公司受托与她签订的拆迁补偿协议符合法律法规的规定,是双方真实意愿的表达,合法有效,双方按约履行符合双方利益。张某作为非房屋所有权人,无权行使房屋所有权人的合同权利,法院最后判定吴某、张某履行拆迁腾房搬迁协议。

【法律条文】

《国有土地上房屋征收与补偿条例》第二条规定:为了公共利益的需要,征收国有土地上单位、个人的房屋,应当对被征收房屋所有权人(以下称被征收人)给予公平补偿。

【友情提示】

被征收人依据《国有土地上房屋征收与补偿条例》的规定是被征收房屋的所有权人。通常情况下,没有相反证据时,房屋产权证上所登记的产权人就是该房屋的所有权人。房屋征收部门与被征收人即房屋的所有权人就补偿方式、补偿金额和支付期限、用于产权调换房屋的地点和面积、搬迁费、临时安置费或者周转用房、停产停业损失、搬迁期限、过渡方式和过渡期限等事项,订立补偿协议。房屋的所有权人是被征收人,其他常住人口不享有被征收人利益,所以本案的吴某之女必须腾房搬迁。

5. 明确表示放弃继承权的继承人能够成为被征收人吗？

【经典案例】

王某甲兄妹七人，2003年5月与8月，父母双双去世，在分割遗产时，王某甲的其余六兄妹觉得他们都有正式工作，待遇也好，而大哥王某甲是下岗工人，家境不怎么样。所以六兄妹都主动放弃对父母财产的继承权，父母位于某街道的私房8间由王某甲继承。为了表示诚意，兄妹七人还到公证处进行了公证。王某甲继承了父母的房屋，并办理了产权变更登记手续。后来该地区发现大型天然气储存，国家决定进行开采，王某甲继承的房屋属于拆迁范围，王某甲以所有人的身份与政府拆迁部门签订了拆迁补偿协议，在取得一套80平方米的安置房的同时，还得到了近300万元的拆迁补偿。可是在搬迁过程中，王某甲的其余六兄妹了解到补偿的情况后将王某甲继承的房屋占用，要求其作为被征收人也应该得到补偿与安置。

【案情重温】

本案是兄妹通过公证放弃继承后、在看到拆迁补偿款时又反悔的典型事例。父母双双去世后分割遗产时，王某甲的七兄妹通过公证主动放弃对父母财产的继承权，父母留下的私房由王某甲继承，并办了产权变更登记。后来该地区发现自然资源进行开采，王某甲的房屋属于拆迁范围，取得一套80平方米的安置房和近300万元的拆迁补偿。可是在搬迁过程中，王某甲的其余六兄妹也要求得到补偿与安置。

【处理意见】

法院审理后认为：王某甲的六兄妹在拆迁范围内没有住房，也不是王某甲居住房屋的所有人,不享有房屋所有权。尽管房屋是父母留下的,而六兄妹在继承时已经表明放弃,并且有公证处的公证为据。法院依据《国有土地上房屋征收与补偿条例》的规定做出判决:王某甲的六兄妹不是被征收房屋所有权人,不能依据相关法律法规得到补偿与安置,要求王某甲的六兄妹立即腾出房屋。

【法律条文】

《中华人民共和国继承法》第十条规定:遗产按照下列顺序继承:第一顺序:配偶、子女、父母。第二顺序:兄弟姐妹、祖父母、外祖父母。继承开始后,由第一顺序继承人继承,第二顺序继承人不继承。没有第一顺序继承人继承的,由第二顺序继承人继承。

第二十五条第一款规定:继承开始后,继承人放弃继承的,应当在遗产处理前,作出放弃继承的表示。没有表示的,视为接受继承。

《国有土地上房屋征收与补偿条例》第二条规定:为了公共利益的需要,征收国有土地上单位、个人的房屋,应当对被征收房屋所有权人(以下称被征收人)给予公平补偿。

【友情提示】

尽管诉争的房屋是父母留下的遗产,对于遗产,子女作为法定第一顺序继承人,依法可以取得房屋的继承权。但是,在继承开始后遗产处理前,继承人通过公证放弃继承的,不能取得继承房屋的所有权,因此在征收拆迁时也不能以被征收人的身份获得拆迁与安置。

6. 户籍迁入主人家后遇主人房屋被征收时保姆能成为被征收人吗？

【经典案例】

眼看昔日东家因房屋拆迁拿到 200 万元的补偿款，而自己户口虽在其中却分文未得，老保姆李阿姨一气之下将东家胡某一家四口推上被告席。

1972 年，从四川来京打工的李阿姨来到胡家做保姆。1982 年，李阿姨将自己的户口迁入胡家，并领取粮油补贴。就在这一年，李阿姨结束十多年的胡家帮佣工作，搬出房屋另寻雇主。

2012 年 3 月，胡某家的房屋被政府纳入拆迁范围。4 月胡某与政府签订了拆迁补偿协议，获得了动迁款 200 万元。此后，胡某按协议搬离拆迁房屋，房屋随即拆除。2012 年 7 月，李阿姨一纸诉状递到法院，要求得到自己应得的 40 万补偿款。

【案情重温】

本案是家政人员的户口迁入雇主家后、遇雇主的房屋拆迁时家政人员能否得到补偿而产生的纠纷。从四川来京打工的李阿姨于 1982 年将户口迁入雇主胡家并领取粮油补贴。后来搬出胡家另寻雇主，但户口一直在雇主胡家。2012 年 3 月，胡某的房屋被政府纳入拆迁范围获得动迁款 200 万元。保姆李阿姨认为自己户口在胡家，应得到 40 万补偿款。

【处理意见】

该案中，保姆李阿姨向法院提供的所谓证据，就是证明户口在雇主胡家，户口是 1982 年领取粮油补贴或者后来享受低保政策的依据，但并不能证明李阿姨是拆迁房屋的所有权人。因为《中华人民共和国物权法》规定房屋所有权人是房管部门的产权登记记载的权利人,根据《国有土地上房屋征收与补偿条例》的规定,补偿只能给予被征收房屋所有权人即被征收人。所以法院认为,李阿姨不是拆迁房屋的所有权人,不能得到拆迁补偿款,所以判决驳回李阿姨的起诉,不予受理。

【法律条文】

《中华人民共和国物权法》第九条第一款规定:不动产物权的设立、变更、转让和消灭,经依法登记,发生效力;未经登记,不发生效力,但法律另有规定的除外。

《国有土地上房屋征收与补偿条例》第二条规定:为了公共利益的需要,征收国有土地上单位、个人的房屋,应当对被征收房屋所有权人(以下称被征收人)给予公平补偿。

【友情提示】

房屋征收拆迁活动中,除房屋所有权人外,家庭成员、房屋的承租人、使用人、共同居住人、户口在被拆迁房屋的人,只要不是产权证上的人,都不能得到征收房屋的补偿。至于能否得到人头费的补偿不是本案例涉及的内容。

7. 房产证过户而土地证未过户的房屋被拆迁,如何确定被征收人?

【经典案例】

沈某于1997年购买了C市的房地产,其中房屋13间,建筑面积309平方米,地产面积466平方米,并分别领取了房屋所有权证与国有土地使用证。1999年,沈某自己创办公司,股东是夫妻二人,并制订了公司章程。沈某以房屋投资30万,土地使用权投资50万,并通过了作价评估;沈某妻子货币出资20万。沈某成为公司的法定代表人。2000年3月,沈某将出资的房屋的产权证通过房管局过户给公司,但土地使用权,沈某没有向土地管理部门办理变更登记。

2012年,C市人民政府决定对该市进行大规模的城市改造拆迁,沈某的公司属于拆迁范围之内,沈某代表公司与政府的房屋征收部门就拆迁方案多次进行协商。沈某认为除了公司是被征收人外,自己也是被征收人,因为自己出资时土地使用权并没有过户,都有权获得拆迁补偿。由于双方均不退步,纠纷只能交由法院处理。

【案情重温】

本案是公司的投资者在投资时没有办理过户手续,后来政府征地拆迁,投资者能不能享有被征收人的利益的案件。沈某将购买的C市的房地产出资成立了自己的公司,股东是夫妻二人。由于房屋所有权证与国有土地使用证是分开的,沈某将出资的房屋的产权证通过房管局过户给公司,但土地使用权,没有向土地管理部门办理变更登记。2012年,沈某的公司被要求拆迁。沈某认为除了公司是被征收人外,自己也是被征收人,有权获得拆迁补偿。因协商不成,诉至法院。

【处理意见】

法院审理后认为:沈某将其所有的房屋和拥有使用权的土地作为资本投入公司,办理了房屋使用权变更登记,对拥有的土地使用权未办理变更登记,但不影响公司拥有土地使用权的事实。根据《中华人民共和国城市房地产管理法》"房地产转让、抵押时,房屋的所有权和该房屋占用范围内的土地使用权同时转让"的规定,沈某在法律上失去了出资财产的所有权,该财产所有权转移给公司。法院根据《国有土地上房屋征收与补偿条例》"征收国有土地上单位、个人的房屋,应当对被征收房屋所有权人(以下称被征收人)给予公平补偿"的规定,认定沈某不能作为被征收房屋的所有权人。

【法律条文】

《中华人民共和国城市房地产管理法》第三十二条规定:房地产转让、抵押时,房屋的所有权和该房屋占用范围内的土地使用权同时转让、抵押。

《中华人民共和国公司法》第二十八条第一款规定:股东应当按期足额缴纳公司章程中规定的各自所认缴的出资额。股东以货币出资的,应当将货币出资足额存入有限责任公司在银行开设的账户;以非货币财产出资的,应当依法办理其财产权的转移手续。

《国有土地上房屋征收与补偿条例》第二条规定:为了公共利益的需要,征收国有土地上单位、个人的房屋,应当对被征收房屋所有权人(以下称被征收人)给予公平补偿。

【友情提示】

房产转让时,房屋的所有权和该房屋占用范围内的土地使用权同时转让。由于我国《物权法》颁行之前房屋的所有权证与土地使用权证是分开的,是两证,所以房产转让要到不同的主管部门去办理过户手续,比较麻烦,特别是自己成立公司时认为反正都是自己的,往往懒得去办理过户手续。但如果出现争议、纠纷时事情就变得复杂。本案的沈某想钻法律的空子,结果被法院识破。现在是两证合一,情况变得简单一些,当然人们也要依法行事。

8. 公司分立未办理厂房产权变更登记，被征收人如何确定？

【经典案例】

A公司下设四个部。1999年，公司决定将其经销部分立成独立的法人B公司，原A公司继续保留。经主管部门批准以后，A公司与经销部签订了分立协议，并对公司财产进行了分割。其中房产部分，协议约定A公司原四层办公大楼由成立的B公司所有，A公司在经开区购置新的办公大楼。但是A公司与B公司均没有向房屋管理机关办理产权变更登记手续。2008年，B公司与C公司合并成D公司，办公地址设在了B公司，即利用原来A公司的办公大楼。2012年，D公司办公大楼被列入拆迁范围，政府房屋征收部门与房产证上记载的所有权人A公司签订了房屋拆迁补偿协议，约定补偿金额1200万元。D公司得知消息后，向法院起诉，要求确认自己的被征收人地位，并确认房屋征收部门与A公司签订的房屋拆迁补偿协议无效。

【案情重温】

本案是公司分立后没有办理产权过户手续，分立后的公司又与其他公司合并，到厂房拆迁时谁是被征收人，谁得补偿款的典型案件。即本案的焦点在于在产权有争议的情况下如何认定被征收人的问题。A公司1999年经主管部门批准分立成了A公司和B公司。双方签订了分立协议，并对财产进行了分割。房产即A公司的办公大楼由成立的B公司所有，但没有办理产权变更登记手续。后来B公司与C公司合并成D公司。2012年，D公司被列入拆迁范围，政府房屋征收部门与房产证上记载的所有权人A公司签订了房屋拆迁补偿协议，约定补偿金额1200万元。D公司得知消息后，向法院起诉，要求确认自己的被征收人地位，并确认房屋征收部门与A公司签订的房屋拆迁补偿协议无效。

下 篇 拆 迁

【处理意见】

法院审理后认为:A公司在公司分立的批准文件及分立协议上均确认原办公大楼归分立后的B公司所有。现B公司与C公司合并成D公司,显然B公司的所有财产包括办公大楼应归D公司。但是由于物权登记是物权变动的必经程序,未经变更登记不发生物权变动的效力,所以在法律上还不能认定D公司是该办公大楼的所有权人。但是,鉴于分立协议已经明确约定了B公司对办公大楼的财产所有权关系,且该协议已经实际履行,办公大楼也已经实际被D公司占有。法院最后判定,A公司分立成A、B公司以及B公司与C公司合并成D公司都符合《公司法》的规定,是合法的,要求A公司尽快办理房屋产权变更登记。同时确认政府房屋征收部门与A公司签订的房屋拆迁补偿协议无效。

【法律条文】

《中华人民共和国城市房地产管理法》第三十六条规定:房地产转让、抵押,当事人应当依照本法第五章的规定办理权属登记。

《中华人民共和国物权法》第九条规定:不动产物权的设立、变更、转让和消灭,经依法登记,发生效力;未经登记,不发生效力,但法律另有规定的除外。

《国有土地上房屋征收与补偿条例》第二条规定:为了公共利益的需要,征收国有土地上单位、个人的房屋,应当对被征收房屋所有权人(以下称被征收人)给予公平补偿。

【友情提示】

本案的争议告诉我们,在发生产权变更时,一定要及时办理过户手续以明确自己的地位。其次,如果没有办理过户手续,一定要保留好证据,以便争取对自己有利的救济方式。

二、房屋拆迁评估

**1.** 房屋征收部门单方委托的房地产价格评估机构出具的评估报告具有法律效力吗?

🔍【经典案例】

2011年3月,L省F市房屋征收部门,按照市政府的统一部署,决定在王某房屋所在区域实施拆迁。房屋征收部门在未与王某等被征收人协商的前提下,单方指定鼎盛房地产价格评估机构对王某所在区域的房屋进行评估,经过实地查勘,调查相关房屋的实际状况,并结合所在区域被征收房屋的区位、用途、建筑结构、新旧程度、建筑面积以及占地面积、土地使用权等因素进行了全面综合的考量,把王某80平方米的商品房的市场价值估价为人民币25万2000元。6月1日,王某收到评估报告,但其认为房屋征收部门选定评估机构时未与本人协商,且房屋评估价值远远低于市场价值。房屋征收部门与被征收人王某未就征收拆迁问题达成一致意见。2011年10月8日,房屋征收部门向F市人民政府申请行政复议。2011年12月25日,F市人民政府做出房屋征收部门委托评估机构的评估意见合法的复议决定。王某不服复议决定,向人民法院提起行政诉讼,以房屋征收部门选定评估机构时未与本人协商,且房屋评估价值远远低于市场价值为由,请求撤销该复议决定。

【案情重温】

本案是房屋征收部门单方委托的房地产价格评估机构出具的评估报告,在被征收人不认可的情况下是否具有法律效力的争议实例。L省F市房屋征收部门未与王某等被征收人协商,单方指定房地产价格评估机构进行评估。房地产价格评估机构经过实地查勘,调查相关房屋的实际状况,严格依照《国有土地上房屋征收评估方法》规定的评估因素进行了全面综合的考量,并向被征收人送达了评估报告。但被征收人以房屋征收部门选定评估机构时未与本人协商,且房屋评估价值远远低于市场价值不予认同。后来F市人民政府做出房屋征收部门委托评估机构的评估意见合法的复议决定,王某也不服。于是王某向人民法院提起行政诉讼请求撤销该复议决定。

【处理意见】

法院审理后查明,房屋征收部门未与王某等被征收人协商,单方指定房地产价格评估机构进行评估,违背了国务院《国有土地上房屋征收与补偿条例》"房地产价格评估机构由被征收人协商选定;协商不成的,通过多数决定、随机选定等方式确定"的规定。最后,法院撤销了政府机关的复议决定,要求政府按照法律、法规的规定由被征收人重新选定房地产价格评估机构对房屋重新评估。

【法律条文】

《国有土地上房屋征收与补偿条例》第二十条第一款规定:房地产价格评估机构由被征收人协商选定;协商不成的,通过多数决定、随机选定等方式确定,具体办法由省、自治区、直辖市制定。

《国有土地上房屋征收评估方法》第四条第一款规定:房地产价格评估机构由被征收人在规定时间内协商选定;在规定时间内协商不成的,由房屋征收部门通过组织被征收人按照少数服从多数的原则投票决定,或者采取摇号、抽签等随机方式确定。具体办法由省、自治区、直辖市制定。

【友情提示】

在国有土地上房屋征收拆迁过程中,复议机关依据房屋征收部门单方委托的评估机构的评估报告做出的复议维持决定,被征收人表示异议的,该复议维持决定认可的评估报告不能作为法院裁判被征收人履行的依据,也不能作为征收拆迁补偿依据。

2. 评估机构的工作人员擅自以注册房地产估价师名义做出的评估报告具有法律效力吗?

【经典案例】

张某是J省L市居民,在L市拥有国有土地房屋一套,2012年,房屋所在区域被列入拆迁范围。经张某及其他拆迁户共同选定房地产价格评估机构对其区域房屋进行评估,出具了评估报告,确认张某建筑面积为83平方米的房子评估价格为人民币18万元。张某认为房屋价格评估过低,未能与房屋征收部门就拆迁安置问题达成协议。2012年12月,房屋征收部门请求市政府行政复议。2013年3月,市政府做出维持房地产价格评估机构出具的评估报告的行政复议裁定。张某针对该裁定提起行政诉讼,请求撤销该裁定。审理过程中,法院查明评估报告中的一名估价师是房地产价格评估机构的工作人员,并不具有注册房地产估价师资格。遂做出撤销市政府的行政复议裁定。

【案情重温】

本案是评估人不具有注册房地产估价师资格、做出的评估报告是否有法律效力的争议案件。张某拥有的房屋于2012年列入拆迁范围。拆迁户共同选定房地产价格评估机构对拆迁房屋进行评估,出具了评估报告,确认了房屋面积及补偿价格。拆迁户张某等认为房屋价格评估过低,未能签订房屋补偿协议。后来房屋征收部门请求市政府行政复议,市政府做出维持房地产价格评估机构出具的评估报告的行政复议裁定。张某针对该裁定提起行政诉讼,法院查明评估报告中的一名估价师不具有注册房地产估价师资格。从而撤销了市政府的行政复议裁定。

【处理意见】

法院审理查明,按相关规定:注册房地产估价师,是指通过全国房地产估价师执业资格考试或者资格认定、资格互认,取得中华人民共和国房地产估价师执业资格,并经注册,取得中华人民共和国房地产估价师注册证书,从事房地产估价活动的人员。未经注册,擅自以注册房地产估价师名义从事房地产估价活动的,所签署的评估报告无效。因此,未取得中华人民共和国房地产估价师注册证书的人员,从事房地产估价活动所出具的估价报告无效,L市政府依据无效评估报告做出的行政复议裁定书,应当依法予以撤销。法院最后裁定,由于评估报告出具人无鉴定资质,且被征收人又对此表示异议,法院不认可其合法效力。

【法律条文】

《国有土地上房屋征收评估方法》第七条第一款规定:房地产价格评估机构应当指派与房屋征收评估项目工作量相适应的足够数量的注册房地产估价师开展评估工作。

《注册房地产估价师管理办法》第三条规定:本办法所称注册房地产估价师,是指通过全国房地产估价师执业资格考试或者资格认定、资格互认,取得中华人民共和国房地产估价师执业资格(以下简称执业资格),并按照本办法注册,取得中华人民共和国房地产估价师注册证书(以下简称注册证书),从事房地产估价活动的人员。

第三十六条规定:违反本办法规定,未经注册,擅自以注册房地产估价师名义从事房地产估价活动的,所签署的估价报告无效,由县级以上地方人民政府建设(房地产)主管部门给予警告,责令停止违法活动,并可处以1万元以上3万元以下的罚款;造成损失的,依法承担赔偿责任。

【友情提示】

　　拆迁评估是被征收人确定安置补偿结果的重要依据,也是被征收人获得公平合理补偿的基础。因此,拆迁评估的专业性和重要性要求评估人员必须具备相应的资格和能力,才能对房屋的区位、用途、权利性质、建筑结构、新旧程度、建筑面积、占地面积、土地使用权、档次等影响被征收房屋价值的因素进行准确的认定。实践中,出具评估报告的评估人如不具备评估资格,据此做出的裁定或者补偿决定应当依法予以撤销。

3. 房屋评估价值偏低时被征收人如何维权?

【经典案例】

　　2012年,家住S省S市的张某所在区域被S市列为拆迁范围,经评估公司评估,认定张某建筑面积为120平方米的房屋价值为人民币16万元,相较于本区域每平米3000元左右的二手房价格。张某认为该评估价值远低于房屋市场价值,张某3天内5次与房屋征收部门协商,但问题一直未能得到很好的解决,所以补偿协议未签。后找市政府相关人员,但都没有得到很好答复。为此张某在第8天咨询了某律师事务所黄律师,黄律师听了张某的叙述后,了解了事情的真相,给张某支了几招,张某觉得主意不错,高兴地离开了,于第二天立即向房地产价格评估机构申请复核评估。后来经过努力,张某的问题得到圆满解决。请问黄律师给张某出了什么主意使问题变得简单?

【案情重温】

本案是被征收人认为房屋评估价值偏低请求律师支招维权的案例。2012年,张某的房屋被S市列为拆迁范围,评估公司认定张某120平方米的房屋价值为16万元,低于该区域二手房价格。张某不签补偿协议,找市政府相关人员,但问题都没有得到解决。后来在律师的帮助下,张某知道了维护自己权利的方法。

【处理意见】

律师认真听取了被征收人张某的叙述,在了解了事情的真相的基础上,给被征收人张某做了如下的解释:第一,按照《国有土地上房屋征收与补偿条例》"对被征收房屋价值的补偿,不得低于房屋征收决定公告之日被征收房屋类似房地产的市场价格"的规定,房地产价格评估机构评估的被征收房屋低于本区域二手房价格,直接违背了该规定。第二,对评估确定的被征收房屋价值有异议的,可以向房地产价格评估机构申请复核评估,时间是自收到评估报告之日起10日内。第三,对复核结果有异议的,可以向房地产价格评估专家委员会申请鉴定,时间是自收到复核结果之日起10日内。本案的被征收人张某在规定的时间内申请了复核,为自己赢得了处理争议的时间。

【法律条文】

《国有土地上房屋征收与补偿条例》第十九条第一、第二款规定:对被征收房屋价值的补偿,不得低于房屋征收决定公告之日被征收房屋类似房地产的市场价格。被征收房屋的价值,由具有相应资质的房地产价格评估机构按照房屋征收评估办法评估确定。

对评估确定的被征收房屋价值有异议的,可以向房地产价格评估机构申请复核评估。对复核结果有异议的,可以向房地产价格评估专家委员会申请鉴定。

《国有土地上房屋征收评估方法》第二十条规定：被征收人或者房屋征收部门对评估结果有异议的，应当自收到评估报告之日起10日内，向房地产价格评估机构申请复核评估。

申请复核评估的，应当向原房地产价格评估机构提出书面复核评估申请，并指出评估报告存在的问题。

第二十一条规定：原房地产价格评估机构应当自收到书面复核评估申请之日起10日内对评估结果进行复核。复核后，改变原评估结果的，应当重新出具评估报告；评估结果没有改变的，应当书面告知复核评估申请人。

第二十二条规定：被征收人或者房屋征收部门对原房地产价格评估机构的复核结果有异议的，应当自收到复核结果之日起10日内，向被征收房屋所在地评估专家委员会申请鉴定。被征收人对补偿仍有异议的，按照《国有土地上房屋征收与补偿条例》第二十六条规定处理。

【友情提示】

目前，征收拆迁房屋价值尽管由被征收人选择房地产价格评估机构评估，但由于受国家利益至上观点的影响，评估价值有时候会明显低于其市场价值。在此情况下，被征收人要在法定期限内向房地产价格评估机构书面申请复核估价。如果对复核估价还有异议，被征收人也应当在法定期限内向被征收房屋所在地评估专家委员会申请鉴定，否则被征收人就会面临房屋征收部门对其做出不利征收拆迁的各种风险。

> 下 篇　拆　迁

 房地产估价机构可以异地作评估报告吗？

【经典案例】

2012年，家住H省W市的倪某所在区域被W市列为拆迁范围，倪某有建筑面积为120平方米的房屋一套，有黄金临街铺面一间67平方米。为了保证被征收人的利益，房屋征收部门向被征收人下达了由被征收人选择房地产价格评估机构的书面通知，要求被征收人通过协商选择房地产价格评估机构，并在通知书里提供了几家房地产价格评估机构。但以倪某为代表的拆迁户认为，这些房地产价格评估机构都是W市的估价机构，很多人曾经在建设局、房管局工作，他们的评估难免会受到一些约束，影响评估的公正性。于是通过熟人介绍，他们选定了北京的一家房地产价格评估机构并告知了W市的房屋征收部门。房屋征收部门迅速联系了北京的这家房地产价格评估机构，双方很快签订房屋征收评估委托合同。一周后，房地产价格评估机构进驻W市，在被征收人的积极配合下得出了评估报告。评估报告使房屋征收部门和被征收人双方都很满意，拆迁补偿协议很快签订，拆迁工作非常顺利，得到省里表彰。

【案情重温】

本案是房屋征收部门尊重被征收人协商选择房地产价格评估机构，从而妥善做出征收拆迁安置的案件。倪某所在区域被W市列为拆迁范围，倪某有房屋一套和铺面一间。房屋征收部门要求被征收人通过协商选择房地产价格评估机构。以倪某为代表的拆迁户选定了W市以外的北京的一家房地产价格评估机构并告知了W市的房屋征收部门。房屋征收部门与北京的这家房地产价格评估机构签订了房屋征收评估委托合同。房地产价格评估机构进驻W市的评估工作很顺利，评估报告得到双方的认同，拆迁补偿协议迅速签订，拆迁工作进展顺利。

【处理意见】

房屋征收拆迁评估由有相应资质的房地产价格评估机构在坚持独立、客观、公正的原则下，采用市场法、收益法、成本法、假设开发法等方法对被征收房屋进行评估。在选定房地产价格评估机构时必须充分尊重被征收人的意见，由被征收人协商选定或者通过多数决定、随机选定等方式确定。房地产估价机构依法从事房地产估价活动，不受行政区域、行业限制，所以W市的被征收人选择北京的房地产价格评估机构来评估其被征收的房屋是法律允许的，而且客观上也达到了独立、客观、公正的效果，对征收拆迁工作的顺利推进起到了很好的作用。

【法律条文】

《国有土地上房屋征收与补偿条例》第十九条第一款、第二款规定：对被征收房屋价值的补偿，不得低于房屋征收决定公告之日被征收房屋类似房地产的市场价格。被征收房屋的价值，由具有相应资质的房地产价格评估机构按照房屋征收评估办法评估确定。

对评估确定的被征收房屋价值有异议的，可以向房地产价格评估机构申请复核评估。对复核结果有异议的，可以向房地产价格评估专家委员会申请鉴定。

第二十条第一款规定：房地产价格评估机构由被征收人协商选定；协商不成的，通过多数决定、随机选定等方式确定，具体办法由省、自治区、直辖市制定。

《房地产估价机构管理办法》第四条规定：房地产估价机构从事房地产估价活动，应当坚持独立、客观、公正的原则，执行房地产估价规范和标准。

房地产估价机构依法从事房地产估价活动，不受行政区域、行业限制。任何组织或者个人不得非法干预房地产估价活动和估价结果。

下篇 拆迁

【友情提示】

房屋征收拆迁补偿的方式有产权置换和货币补偿两种方式。由于货币补偿灵活快捷,逐渐成为房屋征收拆迁补偿方式的首选。而货币补偿应先由房地产价格评估机构对拆迁房屋进行价格评估,以评估数据作为补偿金额确定的依据。房地产价格评估机构坚持独立、客观、公正地从事评估活动就显得非常重要,因而选择房屋征收部门和被征收人双方都满意的房地产价格评估机构就成为评估工作非常重要的内容。

5. 只有一名注册房地产估价师盖章的拆迁评估报告具有法律效力吗?

【经典案例】

2012年,家住H省H市的朱某所在区域因建国际旅游岛的需要被列为拆迁范围,朱某有建筑面积为480平方米的三楼一底的房屋一套,楼下是临街铺面租与别人经商。建国际旅游岛是国家战略,对海岛全体居民也是一件大好事,大家都很支持。在朱某的带领下,居民共同选定了本市一家房地产价格评估机构并告知了房屋征收部门。房屋征收部门迅速联系了这家房地产价格评估机构,双方很快签订了房屋征收评估委托合同。5月底,房地产价格评估机构进驻朱某所在区域,在朱某等被征收人的积极配合下得出了评估报告。评估报告交达房屋征收部门和被征收人双方。签订补偿协议前正值暑假,朱某就读北京某著名大学法学院研二的侄子正好来岛上度假,看出了评估报告的破绽,原来评估报告只有一名注册房地产估价师签章,且房地产价格评估机构的签章很模糊,基本不能确定两者的一致性。于是居民认为评估报告系伪造,拒绝在拆迁补偿协议上签字,征收拆迁工作变得复杂起来。

📁【案情重温】

本案是被征收人共同选定的房地产价格评估机构做出的评估报告只有一名注册房地产估价师盖章时的效力认定案件。家在 H 省 H 市的朱某所在区域因建国际旅游岛的需要被列为拆迁范围。在朱某的带领下,居民共同选定了房地产价格评估机构,房屋征收部门同房地产价格评估机构签订了房屋征收评估委托合同。但房地产价格评估机构的评估报告只有一名注册房地产估价师盖章,且房地产价格评估机构的盖章很模糊,居民认为评估报告系伪造,拒绝在拆迁补偿协议上签字。

✏️【处理意见】

按《国有土地上房屋征收评估方法》第十七条第二款的规定,整体评估报告和分户评估报告应当由负责房屋征收评估项目的两名以上注册房地产估价师签字,并加盖房地产价格评估机构公章。不得以印章代替签字。该内容规定了评估报告必须由负责房屋征收评估项目的两名以上注册房地产估价师签字,并加盖房地产价格评估机构公章,而不是以模糊印盖代替公司公章。H 省 H 市拆迁房屋的评估报告由于只有一名注册房地产估价师盖章,而不是两名注册房地产估价师签字,以及房地产价格评估机构公章模糊,违反法律规定等原因,所以评估报告无效。

📋【法律条文】

《国有土地上房屋征收评估方法》第十七条规定:分户初步评估结果公示期满后,房地产价格评估机构应当向房屋征收部门提供委托评估范围内被征收房屋的整体评估报告和分户评估报告。房屋征收部门应当向被征收人转交分户评估报告。

整体评估报告和分户评估报告应当由负责房屋征收评估项目的两名以上注册房地产估价师签字,并加盖房地产价格评估机构公章。不得以印章代替签字。

【友情提示】

法律规定评估报告应当由负责房屋征收评估项目的两名以上注册房地产估价师签字,并加盖房地产价格评估机构公章,不得以印章代替签字。显然案件中的评估报告不具有合法性,而房地产价格评估机构的盖章同样具有瑕疵。被征收人可以拒绝接受以此评估报告为依据做出的拆迁补偿,房屋征收部门不得以房地产价格评估机构是被征收人共同协商选定的而置被征收人的利益于不顾。

6. 被拆迁房屋的市场评估价格的决定因素有哪些?

【经典案例】

家住J省N市的邢某所在区域因需拓宽市内城市干道被N市列为拆迁范围,邢某有花园住宅一套,土地面积359平方米,建筑面积为145平方米。某房地产价格评估机构接受N市房屋征收部门的委托对该住宅进行评估,通过实地查勘,出具了评估报告。评估结果为158万元,单价为10934.26元/平方米。邢某对评估结果极不满意,认为自己房屋装修材料全是环保材料,费用花了100万元左右,于是向房地产价格评估机构提出复估要求,并要求房地产价格评估机构公布评估指标、参数。房地产价格评估机构复函仍坚持评估结果,对邢某提出的评估指标、参数只字未提。邢某对此仍不满意,几经交涉无果后,遂向N市房地产价格评估委员会提出鉴定申请。

【案情重温】

本案是被征收人对房地产价格评估机构的评估结果持异议时请求房地产

价格评估机构公布评估指标、参数遭拒的典型案件。邢某所在区域因拓宽市内城市干道的需要被列为拆迁范围,邢某有花园住宅一套。某房地产价格评估机构接受N市房屋征收部门的委托对该住宅进行评估。邢某对评估结果极不满意,遂向房地产价格评估机构提出复估要求,并要求房地产价格评估机构公布评估指标、参数。房地产价格评估机构复函仍坚持评估结果,并未提出评估指数、参数,邢某遂向N市房地产价格评估委员会提出鉴定申请。

【处理意见】

本案的重点在于当被征收人有疑问时,房地产价格评估机构没有按照被征收人的问题用专业、合理、合法的方式做出解释和说明,使得矛盾激烈程度加深。其次,房地产价格评估机构评估的对象其实只是被征收房屋的价值,显然不包括房屋室内装饰装修价值,关于这一点房地产价格评估机构没有给被征收人解释和说明。被征收人房屋装修花了100万元左右,在征收时应由征收当事人协商确定;协商不成的,可以委托房地产价格评估机构通过评估确定。所以向被征收人解释和说明价格评估的指标、参数以及哪些不是评估的内容,可以减少纠纷,化解争议,公平合理地促进拆迁工作。

【法律条文】

《国有土地上房屋征收与补偿条例》第十九条第一款规定:对被征收房屋价值的补偿,不得低于房屋征收决定公告之日被征收房屋类似房地产的市场价格。被征收房屋的价值,由具有相应资质的房地产价格评估机构按照房屋征收评估办法评估确定。

《国有土地上房屋征收评估方法》第十四条规定:被征收房屋价值评估应当考虑被征收房屋的区位、用途、建筑结构、新旧程度、建筑面积以及占地面积、土地使用权等影响被征收房屋价值的因素。

被征收房屋室内装饰装修价值,机器设备、物资等搬迁费用,以及停产停业损失等补偿,由征收当事人协商确定;协商不成的,可以委托房地产价格评估机构通过评估确定。

下 篇 拆 迁

第十九条规定:被征收人或者房屋征收部门对评估报告有疑问的,出具评估报告的房地产价格评估机构应当向其作出解释和说明。

【友情提示】

房地产价格评估机构的房屋拆迁评估报告,在独立、客观、公正的前提下,应明确评估所依据的方法、指标、参数。被征收人或者房屋征收部门对评估报告有疑问的,出具评估报告的房地产价格评估机构应当向其做出解释和说明,而不是拒绝。只有这样,被征收人或者房屋征收部门才能心服口服,征收拆迁工作才能顺利开展。

7. 被拆迁征收人拒绝在房地产价格评估机构的实地查勘记录上签字时该如何处理?

【经典案例】

家住B市F区的江某所在区域因旅游开发需要而被列入拆迁范围,江某有仿古欧式花园住宅一套,土地面积659平方米,建筑面积为300平方米。某房地产价格评估机构接受B市房屋征收部门的委托对该住宅进行评估。房地产价格评估机构在得到江某的同意后安排注册房地产估价师李某对江某的房屋进行实地查勘,查看被征收房屋状况,用索尼相机拍摄了房屋内外部状况的影像资料。但江某对房屋的建筑日期等重要材料却提供了两份房地产管理部门不同的说明,目的是想让评估人员利用房地产价格评估机构的影响力查清房屋建筑的准确日期,以便实事求是地对房屋价格做出对双方更加公平的评估。而李某汇总的实地查勘记录所依据的是较早的建筑日期,也没有说明所依据的标准,结果导致被征收人江某的不满,于是江某拒绝在实地查勘记录上签字、盖章确认,评估工作因此就拖延下来。

【案情重温】

本案是被征收人因对注册房地产估价师的房屋实地查勘不满而拒绝在实地查勘记录上签字、盖章的案例。江某因旅游开发需要而被列入拆迁范围,其有仿古欧式花园住宅一套,土地面积和建筑面积都很大,但建筑时间有两个版本,且都是权威部门房管局提供的。房地产价格评估机构的注册房地产估价师对被征收人江某的房屋进行实地查勘时,所依据的是较早的建筑日期,也没有说明依据的标准,这样损害了被征收人江某的利益,直接导致被征收人拒绝在实地查勘记录上签字、盖章确认。

【处理意见】

房屋征收必须委托房地产价格评估机构居中评估,实地查勘的目的是调查被征收房屋状况,拍摄反映被征收房屋内外部状况的照片等影像资料,做好实地查勘记录。查勘必须实事求是,对有争议且反映房屋价值的各种问题必须查清,不能避重就轻,或者遗漏关键因素,这样被征收人会对查勘记录持怀疑态度,进而对房地产价值的评估结果也不认可,征收拆迁工作就会受阻。本案中注册房地产估价师对被征收人房屋的建筑日期没有进行论证,也没有对被征收人给予说明,所以被征收人没有在实地查勘记录上签字和盖章确认也是可以理解的。

【法律条文】

《国有土地上房屋征收评估方法》第十二条规定:房地产价格评估机构应当安排注册房地产估价师对被征收房屋进行实地查勘,调查被征收房屋状况,拍摄反映被征收房屋内外部状况的照片等影像资料,做好实地查勘记录,并妥善保管。

被征收人应当协助注册房地产估价师对被征收房屋进行实地查勘,提供或者协助搜集被征收房屋价值评估所必需的情况和资料。

下 篇 拆 迁

房屋征收部门、被征收人和注册房地产估价师应当在实地查勘记录上签字或者盖章确认。被征收人拒绝在实地查勘记录上签字或者盖章的,应当由房屋征收部门、注册房地产估价师和无利害关系的第三人见证,有关情况应当在评估报告中说明。

【友情提示】

如果注册房地产估价师对被征收人房屋采取实事求是的方式查勘,所做的实地查勘记录被征收人拒绝签字或者盖章时,应由房屋征收部门、注册房地产估价师和无利害关系的第三人见证,并将有关情况在评估报告中说明,这样评估拆迁工作才可以照常开展。

8. 为什么H省J县征收拆迁的房屋评估不具有公正性?

【经典案例】

2002年,H省Z市J县珠泉商贸城列为全国50个商业网点示范项目之一,是Z市政府市级重点工程,2003年7月正式动工。该项目选址在J县城核心地段人民路、中华路,将占地4000多平方米的原珠泉农贸市场扩大一倍,新增步行街、以珠泉亭为中心的广场、中华日用百货市场等。工程总占地面积超过12万平方米。开发商除了计划进行旧城改造、房地产建设外,其核心项目就是珠泉商贸城,累计投资达1.5亿元,是J县最大的招商引资项目。经过论证该项目预计每年能够给政府带来1000多万元的税费收入。由于该项目在J县城最繁华的中心地带,涉及拆迁居民1100多户,动迁人员达7000余人,拆迁机关、企事业单位及团体20余家。对这一大型投资项目,J县委、县政府非常重视,县里成立了项目建设领导小组,下设工程建设指挥部,县委书记任顾问,县长任总指挥。为保证项目建设顺利进行,县政法委书记任项目拆迁负责人。后来,为加大工作力度,又成立了6人工作组,领导和协调珠泉商贸城建设工作。据官方介绍,此次征收由某万源评估公司评估地产,某远航评估公司评估房产,但被征收人不清楚评估公司是如何产生的。在房产评估期间,被征收人也反映一些评估者是J县房管局的工作人员。被征收人要求评估人员出示评估资质证书,对方并未依章出示,被征收人的要求没有得到满足,显然得出的评估报告无公正性可言。后来媒体了解到给被征收人搞评估的根本不是评估公司,而是县政府的干部和开发商。由于大多数被征收人不满意征收补偿标准,但政府采取了强拆方式,引起群众的强烈抗议,形成严重的非法拆迁事件。

【案情重温】

本案是我国征收拆迁中非常著名的H省J县非法拆迁事件。H省Z市J县珠泉商贸城是Z市政府市级重点工程,该项目选址在J县城核心地段,拆迁范围较大,涉及的拆迁居民较多,被征收人不清楚评估公司的来源,后来发现其并不具有资质。被征收人因房屋强拆而引发不满。

【处理意见】

这次非法拆迁事件影响很大,国务院常务会议专门对该拆迁事件进行了处理。本案的房地产价格评估机构没有由被征收人协商选定,也没有采取多数决定的方式确定;估价工作人员在进行评估时未应被征收人的要求出示资质证书;县房管局的工作人员是具体负责房屋征收的政府部门,与房屋征收有利害关系应当回避却没有回避,反而参加到征收拆迁的评估工作中。所有这些都严重违反了《国有土地上房屋征收与补偿条例》和《国有土地上房屋征收评估办法》的规定,由于政府对征收房屋评估工作的参与和干涉,评估报告也就失去了客观、公正的价值。国务院与H省政府采取果断措施,制止了这起违法征地拆迁事件。

下篇 拆迁

【法律条文】

《国有土地上房屋征收与补偿条例》第二十条规定:房地产价格评估机构由被征收人协商选定;协商不成的,通过多数决定、随机选定等方式确定,具体办法由省、自治区、直辖市制定。

房地产价格评估机构应当独立、客观、公正地开展房屋征收评估工作,任何单位和个人不得干预。

《国有土地上房屋征收评估办法》第三条规定:房地产价格评估机构、房地产估价师、房地产价格评估专家委员会(以下称评估专家委员会)成员应当独立、客观、公正地开展房屋征收评估、鉴定工作,并对出具的评估、鉴定意见负责。

任何单位和个人不得干预房屋征收评估、鉴定活动。与房屋征收当事人有利害关系的,应当回避。

第四条规定:房地产价格评估机构由被征收人在规定时间内协商选定;在规定时间内协商不成的,由房屋征收部门通过组织被征收人按照少数服从多数的原则投票决定,或者采取摇号、抽签等随机方式确定。具体办法由省、自治区、直辖市制定……

【友情提示】

房屋征收拆迁程序复杂,房屋征收评估工作又是重中之重。为了保证评估工作的独立、客观、公正,房屋征收部门应当在评估工作中做好以下工作:首先,房地产价格评估机构必须由被征收人选定,可通过协商、多数决定、随机选定等方式确定;其次,房地产价格评估机构必须选派有评估资质的房地产估价师,在工作时应该持房地产价格评估机构的证明书和估价师资质证书;同时,如果房地产估价师与房屋征收当事人有利害关系,应当回避,不参与房屋征收的评估工作。

三、房屋征收补偿与安置

 对征收房屋范围内的院落、空地能否要求补偿？

🔍【经典案例】

王某有祖传住宅一幢，该房产在1956年被充公。改革开放落实政策后，该房产又重回王某名下。该房有两层，每层建筑面积116平方米，还有房前128平方米和房后83平方米的两个院落。房屋所有权证和土地使用权证齐备。2012年12月，该房屋被政府征收。房屋征收部门在王某的同意下委托了房地产价格评估机构对王某的房屋进行了评估，但未对200多平方米的空地进行评估。评估报告交予王某后，王某质问房地产价格评估机构未对空地进行评估的原因，房地产价格评估机构回复称其严格按照与房屋征收部门的委托合同进行，合同并没有要求对空地进行评估。王某找到市房屋征收部门，房屋征收部门认为国务院颁行的《国有土地上房屋征收与补偿条例》的内容是房屋征收与补偿，当然就只能对房屋补偿，不对土地补偿。王某不服，诉至法院，王某房屋范围内的院落、空地要求补偿的诉求能得到法院的支持吗？

📁【案情重温】

本案是房屋征收范围内的院落、空地是否应当予以补偿的案例。王某有祖传住宅一幢，还有房前和房后两个院落，且房屋所有权证和土地使用权证齐备，该房屋被政府征收。房屋征收部门委托了房地产价格评估机构对王某的房屋进行了评估,评估报告交予王某后,王某对房地产价格评估机构没有对房前和房后两个院落进行评估表示不满。与市房屋征收部门协商要求对房前、房后的院落进行补偿又没有得到征收部门的同意。王某只好诉至法院,请求法院保护自己的利益。

【处理意见】

法院审理后认为:依据《国有土地上房屋征收评估办法》的规定,被征收房屋价值受土地使用权因素影响。同一地段区域的房屋,房前、房后的院落具有使用价值,其面积大小的不同,对房屋价值的评估起的作用也不同,房前、房后院落的面积越大,房屋的价值就越大,征收补偿也就越高。同时依据《中华人民共和国土地管理法》对政府依法收回国有土地使用权应当对土地使用权人给予适当补偿的规定。法院判决,房屋征收部门做出的对被征收人房前、房后的院落的土地使用权不予补偿的行政决定违反相关法律的规定,裁定予以撤销,而两者的补偿争议可以由房屋征收部门在征得被征收人同意的情况下再次委托房地产价格评估机构对王某的房前、房后的院落评估后予以安置补偿。被征收人王某的合法权益得到了维护。

【法律条文】

《中华人民共和国土地管理法》第九条规定:国有土地和农民集体所有的土地,可以依法确定给单位或者个人使用。使用土地的单位和个人,有保护、管理和合理利用土地的义务。

第五十八条规定:有下列情形之一的,由有关人民政府土地行政主管部门报经原批准用地的人民政府或者有批准权的人民政府批准,可以收回国有土地使用权:(一)为公共利益需要使用土地的;(二)为实施城市规划进行旧城区改建,需要调整使用土地的……

依照前款第(一)项、第(二)项的规定收回国有土地使用权的,对土地使用权人应当给予适当补偿。

《国有土地上房屋征收评估办法》第十四条规定:被征收房屋价值评估应当考虑被征收房屋的区位、用途、建筑结构、新旧程度、建筑面积以及占地面积、土地使用权等影响被征收房屋价值的因素。

被征收房屋室内装饰装修价值,机器设备、物资等搬迁费用,以及停产停业损失等补偿,由征收当事人协商确定;协商不成的,可以委托房地产价格评估机构通过评估确定。

【友情提示】

在城市房屋征收过程中,房屋征收部门在征收被征收人的房屋的同时也征收了房屋前后的院落、空地的土地使用权。因此,房屋征收部门对此应当予以补偿。在房屋征收时对院落、空地不作补偿的做法违背了我国土地所用权和使用权相分离的现状,不仅不符合现行法律规定,也不利于对国有土地使用权人的合法权益进行保护。所以本案中王某要求对自己房屋的院落、空地进行补偿有充分的法律依据。

费某的房屋可以按商业用房要求补偿吗?

【经典案例】

H市房屋征收部门根据市统一部署,决定对该市D区某紫荆花小区进行城市旧城改造。被征收人费某的房屋位于改造拆迁范围之内。在征收过程中,费某与H市房屋征收部门就其房屋用途和补偿安置问题发生争议。费某称其房屋性质为商业营业用房,应按营业用房进行拆迁赔偿,并向H市房屋征收部门提供了用于经营超市的营业执照、税收部门的税务登记证。而H市房屋征收部门认为确认房屋使用性质应以房屋产权证书为准,该房屋产权证登记为住宅，就应该按住宅用房给予拆迁补偿，而且费某等被征收人共同协商选定的房地产价格评估机构居中评估时也是以住宅房进行评估并出具了评估报告，显然只能按住宅房给予征收补偿。双方未就征收补偿问题达成一致意见，遂申请市政府相关部门对房屋性质进行裁决。市政府相关部门裁决应该按照房屋产权证登记的房屋性质进行征收补偿。费某不服行政裁决，遂以裁决认定事实不清，适用法律错误，侵害其合法权益为由向法院提起行政诉讼，请求撤销行政裁决。

【案情重温】

本案是针对征收房屋是住宅房还是商业用房定性争议的案例。H市房屋征收部门决定对该市某小区实施旧城改造。费某的房屋位于改造范围之内。在征收过程中，就房屋用途和补偿安置问题发生争议。费某称其房屋性质为商业营业用房，而房屋征收部门则认为，其应该按住宅用房给予拆迁补偿。后因费某不服行政裁决提起行政诉讼，请求撤销行政裁决。

【处理意见】

法院审理后认为，被征收人房屋用途的认定，直接关系到征收房屋的补偿问题。根据《国有土地上房屋征收与补偿条例》的规定，征收国有土地上的房屋需要对房屋的价值进行评估，而评估的依据之一就是房屋的用途，不同用途的房屋其价格也不同，通常位于相同地区的商业用房的价值要高于住宅用房。本案中对被征收人的房屋用途的认定标准，是房产证还是营业执照，双方各持己见。但二者所要证明的内容不同，房产证证明的对象是房屋，而营业执照证明的对象是营业者。法院认为，由于被征收人不能提供房屋用途使用性质变更的证据材料，只能依据房产证表明的房屋用途加以认定。法院最后认为政府部门依照产权证登记房屋住宅用房性质进行补偿并无不当，裁定维持行政裁决的结果，驳回被征收人费某的诉讼。

【法律条文】

《中华人民共和国物权法》第六条规定:不动产物权的设立、变更、转让和消灭,应当依照法律规定登记。动产物权的设立和转让,应当依照法律规定交付。

第十四条规定:不动产物权的设立、变更、转让和消灭,依照法律规定应当登记的,自记载于不动产登记簿时发生效力。

第十七条规定:不动产权属证书是权利人享有该不动产物权的证明。不动产权属证书记载的事项,应当与不动产登记簿一致;记载不一致的,除有证据证明不动产登记簿确有错误外,以不动产登记簿为准。

《国有土地上房屋征收与补偿条例》第二十三条规定:对因征收房屋造成停产停业损失的补偿,根据房屋被征收前的效益、停产停业期限等因素确定。具体办法由省、自治区、直辖市制定。

《国有土地上房屋征收评估办法》第九条第三款规定:对于已经登记的房屋,其性质、用途和建筑面积,一般以房屋权属证书和房屋登记簿的记载为准;房屋权属证书与房屋登记簿的记载不一致的,除有证据证明房屋登记簿确有错误外,以房屋登记簿为准。对于未经登记的建筑,应当按照市、县级人民政府的认定、处理结果进行评估。

第十四条第一款规定:被征收房屋价值评估应当考虑被征收房屋的区位、用途、建筑结构、新旧程度、建筑面积以及占地面积、土地使用权等影响被征收房屋价值的因素。

【友情提示】

由于征收补偿安置涉及征收各方当事人的利益,这也成为征收部门与被征收人利益博弈的焦点。显然,商业用房的补偿标准要高于住宅用房。在确定房屋征收与安置措施前,确定被征收房屋的用途对最大限度实现被征收人的合法权益至关重要。本案的被征收人费某如能了解相关法律法规,及时更正房产证上房屋的使用性质,在征收过程中就不会发生对房屋用途认识的纠纷,同时在征收过程中也能最大限度地实现自己的合法利益。

 临时建筑和自盖房屋,在征收时能否要求政府补偿?

【经典案例】

张某在C市B区南京路117号有大小房子三处。2011年8月,根据B区城市规划,其住房所在地被政府决定征收。经查,在张某的住房中,有产权证的房屋25平方米,有关部门批准的使用期限为6年的临时建筑15平方米(尚有5年的使用期),自盖无证房12平方米。经B区房屋征收部门报B区政府同意,决定按下列方式处理:有产权证的房屋25平方米按货币每平方米6000元给予补偿,有临时批准手续的15平方米房屋,按其成本价的一半即以每平方米1500元进行补偿,自盖无证房12平方米不予补偿。张某认为补偿标准不符合规定,认为自己的临时建筑房屋和自盖无证房屋都应该在正常的补偿范围以内,都应该得到补偿,遂诉至法院,要求政府对其临时建筑和自盖无证房屋都进行补偿。

【案情重温】

本案是临时建筑和自盖无证房屋在征收时能否要求政府补偿的事例。张某在城市有大小房子三处被政府决定征收。经查,在张某的住房中,有产权证的房屋25平方米,有关部门批准临时建筑15平方米,自盖无证房12平方米。经政府同意,决定有产权证的房屋按市场价每平方米6000元给予补偿;有批准手续的临时建筑15平方米房屋,按每平方米1500元进行补偿;自盖无证房屋12平方米不予补偿。张某认为临时建筑房屋和自盖无证房屋都应该得到补偿。

双方意见不一,遂发生争执。

【处理意见】

原告被征收人张某以自己的临时建筑和自盖房屋在征收前修建为由要求得到补偿。《国有土地上房屋征收与补偿条例》规定:"房屋征收范围确定后,不得在房屋征收范围内实施新建、扩建、改建房屋和改变房屋用途等不当增加补偿费用的行为;违反规定实施的,不予补偿。"房屋征收部门组织有关部门对张某未经登记的建筑进行调查,张某的房屋既有临时建筑又有自盖无证房屋,临时建筑未超过批准期限的,房屋征收部门给予了一定补偿,而自盖房无证屋是违法建筑不予补偿,被告房屋征收部门辩称是按照《国有土地上房屋征收与补偿条例》规定依法做出的补偿决定,是合法有据的。法院审理后认为,根据《国有土地上房屋征收与补偿条例》第二十四条"对认定为合法建筑和未超过批准期限的临时建筑的,应当给予补偿;对认定为违法建筑和超过批准期限的临时建筑的,不予补偿"的规定,原告所使用的房屋中有未经批准私自搭建的违章建筑,有系批准但尚未到期的临时建筑。被告房屋征收部门对原告的补偿符合法律规定,故裁定驳回原告起诉,不予受理。

【法律条文】

《国有土地上房屋征收与补偿条例》第十六条第一款规定:房屋征收范围确定后,不得在房屋征收范围内实施新建、扩建、改建房屋和改变房屋用途等不当增加补偿费用的行为;违反规定实施的,不予补偿。

第二十四条规定:市、县级人民政府及其有关部门应当依法加强对建设活动的监督管理,对违反城乡规划进行建设的,依法予以处理。

市、县级人民政府作出房屋征收决定前,应当组织有关部门依法对征收范围内未经登记的建筑进行调查、认定和处理。对认定为合法建筑和未超过批准期限的临时建筑的,应当给予补偿;对认定为违法建筑和超过批准期限的临时建筑的,不予补偿。

下篇 拆迁

【友情提示】

在中国城市中,房屋业主乱搭乱建情况比较普遍,导致在征收拆迁中纠纷不断。因此政府在业主乱搭乱建时必须做好监督,坚决取缔乱搭乱建行为,使每一个建筑,每一间房屋都符合《城乡规划法》的规定;另一方面,由于诸多原因没有取缔的违法违章建筑在征收时,还是应该考虑建筑的成本给予适当补偿,以体现征收部门对被征收人利益的最大尊重。这样,政府征收工作才能顺利开展,征收矛盾才能降到最低。

4. 被征收人不履行房屋腾退义务时该如何处理?

【经典案例】

刘某甲与刘某乙是父子关系。刘某甲是B市西城区某大街21号院3号楼2-28号(建筑面积56平方米)房屋的产权人,刘某乙为共居人。2011年3月,该房屋列入征收拆迁范围,刘某甲与刘某乙与房屋征收部门签订了《某大街21号院危改回迁意向书》,该意向书约定:刘某甲与刘某乙在2011年6月2日前搬家腾房,将旧房交予房屋征收部门拆除。同年5月25日,刘某甲向房屋征收部门出具弃权变更声明,自愿放弃上述房屋的产权及房屋的所有收益,同意将房屋产权变更至刘某乙名下,并由刘某乙与房屋征收部门办理征收及回迁等一切手续。同日,刘某乙与房屋征收部门签订了《西城区某大街21号院危改房回迁安置协议书》,该协议书约定:刘某乙自愿购买西城区某2号楼1单元404号4居室,建筑面积98.33平方米,回迁房价格为房屋成本价格即每平方米8200元,超过原房屋面积的部分以经济适用房价格每平方米14000元补差。上述协议签订后,因对征收补偿不满意,刘某父子在6月2日时未腾房。房屋征收部门遂诉至法院,要求刘某父子腾房。

【案情重温】

本案是被征收人与房屋征收部门签订征收补偿协议后拒绝腾房所产生的争议案件。刘某甲与刘某乙是父子关系。刘某甲是B市西城区某大街21号院3号楼2-28号（建筑面积56平方米）房屋的产权人，刘某乙为共居人。2011年3月，该房屋列入征收拆迁范围，刘某父子与房屋征收部门签订了《某大街21号院危改回迁意向书》，约定了搬家腾房的时间。后来刘某甲将房屋征收的权利义务转让给刘某乙。刘某乙与房屋征收部门签订了《西城区某大街21号院危改房回迁安置协议书》，该协议书约定了刘某乙购买回迁房屋的位置以及房屋价款补差。协议签订后，刘某父子在约定的时间内未腾房。房屋征收部门遂诉至法院，要求刘某父子腾房。

【处理意见】

法院审理后认为，房屋征收部门与刘某父子签订达成的《某大街21号院危改回迁意向书》和《西城区某大街21号院危改房回迁安置协议书》是双方当事人的真实意思表示，且不违反法律法规的强制性规定，应认定为有效，受法律保护。有效的协议对双方都有约束力，应按照约定全面履行各自的义务。法院判决刘某父子应按照协议在判决生效的15日内将西城区某大街21号院3号楼2-28号的房屋腾空，交予房屋征收部门拆除。

【法律条文】

《中华人民共和国合同法》第八条规定：依法成立的合同，对当事人具有法律约束力。当事人应当按照约定履行自己的义务，不得擅自变更或者解除合同。

依法成立的合同，受法律保护。

第六十条第一款规定：当事人应当按照约定全面履行自己的义务。

第一百零七条规定：当事人一方不履行合同义务或者履行合同义务不符合约定的，应当承担继续履行、采取补救措施或者赔偿损失等违约责任。

《国有土地上房屋征收与补偿条例》第二十五条第二款规定:补偿协议订立后,一方当事人不履行补偿协议约定的义务的,另一方当事人可以依法提起诉讼。

【友情提示】

在房屋征收过程中,房屋征收部门与被征收人签订拆迁安置或者补偿协议后,往往会出现被征收人反悔或不履行协议约定的腾房义务的情形,进而造成纠纷与争议。根据《国有土地上房屋征收与补偿条例》的规定,补偿协议订立后,一方当事人不履行补偿协议约定的义务的,另一方当事人可以依法提起诉讼。所以,提起诉讼维护双方利益是法律赋予补偿协议双方的权利。根据《中华人民共和国合同法》和《中华人民共和国民事诉讼法》的相关规定,在征收补偿协议合法有效的前提下,被征收人拒绝履行腾房义务的,可以申请法院判决被征收人在一定期限内履行,超过规定时间的,可以向法院申请强制执行。紧急情况下必须及时予以拆除的,房屋征收部门可以向法院申请先予执行,以确保工程的顺利进行。

5. 被征收人如何处理房屋征收部门没有按照补偿协议履行义务的违约行为?

【经典案例】

2011年1月,B市H区房屋征收部门委托某房地产开发商与某后勤中心签订建筑物拆除补偿协议:一、拆除后勤中心903平方米的建筑物;二、房地产开发商代表房屋征收部门支付后勤中心经济补偿总计180万元人民币,在房屋拆除后的三个月内房地产开发商足额将款项转入后勤中心的账户;三、如果房地产开发商违约,房地产开发商每日按总补偿额的百分之一支付滞纳金;如果后勤中心没有按时腾出房屋给房地产开发商拆除,后勤中心每日支付2万元给房地产开发商。协议签订后,房地产开发商支付了首期60万费用,后勤中心于收到款项的第二天将房屋腾出交给房地产开发商。房屋于1月底拆除,期间后勤中心主管调离至其他单位任职。年底清理会计账目时发现房地产开发商120万款项及滞纳金未支付,经交涉房地产开发商只愿意支付120万款项,不愿意支付滞纳金。双方协商未果,后勤中心起诉至法院,要求房地产开发商支付120万款项及滞纳金。

【案情重温】

本案是受房屋征收部门委托的房地产开发商没有全面履行约定义务而与被征收人发生纠纷的案例。B市H区房屋征收部门委托某房地产开发商与某后勤中心签订建筑物拆除补偿协议。协议约定了双方的违约责任。明确约定如果房地产开发商违约,房地产开发商每日按总补偿额的百分之一支付滞纳金;如果后勤中心没有按时腾出房屋给房地产开发商拆除,后勤中心每日支付2万元给房地产开发商。协议签订后,房地产开发商支付了首期60万费用,但一直没有支付剩余款项,且产生了滞纳金,后勤中心遂起诉至法院。

【处理意见】

法院审理后认为,协议是确立双方当事人权利义务关系的契约,依法成立即具有法律效力。本案中,某房地产开发商与某后勤中心签订建筑物拆除补偿协议,是双方真实意思的表示,内容不违反法律规定,对双方都有法律约束力。依据双方的协议内容,房地产开发商负有支付补偿款的义务,但开发商没有完全履行,违反双方约定,应该承担相应的违约责任。法院判决房地产开发商向后勤中心支付120万款项,并按每日百分之一支付滞纳金。

【法律条文】

《国有土地上房屋征收与补偿条例》第二十五条第二款规定:补偿协议订

立后,一方当事人不履行补偿协议约定的义务的,另一方当事人可以依法提起诉讼。

《中华人民共和国合同法》第八条规定:依法成立的合同,对当事人具有法律约束力。当事人应当按照约定履行自己的义务,不得擅自变更或者解除合同。

依法成立的合同,受法律保护。

第六十条第一款规定:当事人应当按照约定全面履行自己的义务。

第一百零七条规定:当事人一方不履行合同义务或者履行合同义务不符合约定的,应当承担继续履行、采取补救措施或者赔偿损失等违约责任。

【友情提示】

在房屋征收过程中,被征收人往往处于弱势地位,因为在征收拆迁时,如果被征收人没有按征收公告或者约定的搬迁期限腾出房屋的,房屋征收部门可申请强制征收。但实践中存在征收部门违法违约不按时支付补偿款的情形,被征收人往往很难保护自己的利益。在这种情况下,被征收人可以依据《国有土地上房屋征收与补偿条例》和《中华人民共和国合同法》等相关法律规定,向法院起诉,要求相关征收部门承担违约或者侵权责任,从而保护作为被征收人的合法权益。

6. 开发商把被征收人的补偿安置房卖给他人时责任如何承担?

【经典案例】

2009年,W市房屋征收部门与吴某签订房屋征收补偿协议,约定房屋征收部门将吴某房屋21间交由房地产开发公司拆除,并采取产权调换就地安置的形式,给吴某在某街安置三层各60平方米的住宅房屋三套,各配地下室一间,面积为20平方米,具体情况由吴某与开发商签订补充协议确定,过渡安置费为每人每月125元。房屋征收补偿协议签订后的第5日吴某将房屋腾空后交给开发商拆除。2011年3月,征收协议涉及的安置楼建成后,开发商将协议约定的某街安置住宅房屋三套以每平方米4800元价格卖给他人,没有安置给吴某。吴某找到开发商,开发商说房屋没有完工,质检部门没有验收,现在不能交房,同时告知由于资金困难,过渡安置费也暂缓支付。吴某去找房屋征收部门,但该部门已经撤销,政府把吴某安置补偿的皮球又推给开发商。2012年3月,吴某在万般无奈的情况下,向W市基层人民法院起诉,要求开发商以出售房屋价格的双倍承担赔偿责任,并补足一家4人1年的超期过渡安置费。

【案情重温】

本案是开发商把被征收人的补偿安置房卖给他人而发生纠纷的案例。2009年,W市房屋征收部门委托开发商与吴某签订房屋征收补偿协议,约定吴某房屋由房地产开发公司拆除后并采取产权调换就地安置的形式补偿。安置房屋的套数、面积、配套附属设施、过渡期补助、被征收人腾房时间等内容都在房屋征收协议中明确约定。2011年3月,征收协议涉及的安置楼建成后,开发商将协议约定的某街安置住宅房屋三套以每平方米4800元价格卖给他人,没有安置给吴某。吴某找到开发商,开发商以各种理由拖延。万般无奈之下,吴某向W市基层人民法院起诉,要求开发商承担赔偿责任并补足超期过渡安置费。

【处理意见】

法院经过审理认为:吴某与房屋征收部门及开发商签订的补偿安置协议是三方真实意思的表示,对双方都有约束力。该产权调换协议的实质,是开发商以其建成的产权房屋与吴某享有所有权的房屋进行调换的交换合同,吴某以失去房屋的所有权为代价,来换取开发商提供的特定安置房屋,开发商负有将安置房交付给吴某的义务。但是,开发商在协议涉及的安置房建成后卖给了第三人,既构成对征收安置补偿协议的违约,更是对被征收人财产权利的侵害。依据《最高人民法院关于审理商品房买卖合同纠纷案件适用法律若干问题的解释》第七条、第八条的规定,吴某有权要求优先取得补偿安置房屋,也有权选择解除协议并要求开发商承担不超过已付购房款一倍的赔偿责任。故吴某要求开发商按房屋售价双倍赔偿的请求成立,法院予以支持。开发商有近1年未向吴某支付过渡安置费,应承担支付超期过渡安置费的责任。综上,法院经过审理完全支持了被征收人的权利请求,很好地维护了被征收人的合法权益。

【法律条文】

《中华人民共和国合同法》第八条规定:依法成立的合同,对当事人具有法律约束力。当事人应当按照约定履行自己的义务,不得擅自变更或者解除合同。

依法成立的合同,受法律保护。

《国有土地上房屋征收与补偿条例》第二十五条规定:房屋征收部门与被征收人依照本条例的规定,就补偿方式、补偿金额和支付期限、用于产权调换房屋的地点和面积、搬迁费、临时安置费或者周转用房、停产停业损失、搬迁期限、过渡方式和过渡期限等事项,订立补偿协议。

补偿协议订立后,一方当事人不履行补偿协议约定的义务的,另一方当事人可以依法提起诉讼。

《最高人民法院关于审理商品房买卖合同纠纷案件适用法律若干问题的解释》第七条规定:拆迁人与被拆迁人按照所有权调换形式订立拆迁补偿安置协议,明确约定拆迁人以位置、用途特定的房屋对被拆迁人予以补偿安置,如果拆迁人将该补偿安置房屋另行出卖给第三人,被拆迁人请求优先取得补偿安置房屋的,应予支持。

被拆迁人请求解除拆迁补偿安置协议的,按照本解释第八条的规定处理。

第八条规定:具有下列情形之一,导致商品房买卖合同目的不能实现的,无法取得房屋的买受人可以请求解除合同、返还已付购房款及利息、赔偿损失,并可以请求出卖人承担不超过已付购房款一倍的赔偿责任:

（一）商品房买卖合同订立后，出卖人未告知买受人又将该房屋抵押给第三人；

（二）商品房买卖合同订立后，出卖人又将该房屋出卖给第三人。

【友情提示】

作为被征收人的吴某，房屋是其最基本的生活资料，开发商把补偿安置给被征收人的房屋转卖他人的行为已构成恶意违约，侵害了吴某作为被征收人的生存居住权，应当承担双倍赔偿责任，并支付超期过渡安置费。如果开发商因经济问题无力承担责任时，政府必须承担因开发商违约产生的连带赔偿责任，以确保被征收人的合法权益。

7. 如何计算村民王某应得的房屋拆迁安置费？

【经典案例】

A省B市C地块需要进行房屋拆迁，而该地块上刘某的房屋已经长期出租给王某，王某雇佣4人，将该房屋用于商业用途，每天营业额在1500元左右。根据A省房屋拆迁管理办法规定，搬迁补助费为每户1000元，临时安置补助费为每人每天20元。因房屋进行拆迁，导致刘某与王某签订的合同不能履行，损失30000元。在拆迁安置过程中，房屋征收部门承诺在3个月内安排王某入住刘某因拆迁重新调换的房屋。3个月过渡期内王某并没有得到房屋征收部门提供的过渡房。3个月后，房屋征收部门也没有让王某顺利入住，直到5个月后王某才入住。请问王某应获得多少房屋拆迁安置费？

【案情重温】

本案是承包人承包的房屋被征收拆迁时承包人的安置费用如何计算的

案件。王某租用的商业用途的房屋面临拆迁,王某有雇工4人,每天营业额在1500元左右。根据所在省房屋拆迁管理办法规定,搬迁补助费为每户1000元,临时安置补助费为每人每天20元。因房屋进行拆迁,导致王某损失30000元。房屋征收部门在拆迁5个月后才安排王某入住刘某因拆迁重新调换的房屋。为此王某应获得的房屋拆迁安置费如何计算?

【处理意见】

房屋拆迁安置费是指在拆迁过程中,对被拆迁房屋的使用人进行安置而支付的费用总和。按照《国有土地上房屋征收与补偿条例》的规定,其计算公式是:房屋拆迁安置费=搬迁发生的实际费用或者双方约定的一定数额的搬迁补助费+没有提供周转房情况下的临时安置费+超过过渡期的临时安置费+非住宅房因停产、停业造成的损失赔偿费。所以本案搬迁补助费为1000元;临时安置补助费为每人每天20元,所以王某的过渡期临时安置补助费为$20\times4\times30\times3=7200$元,超过过渡期的临时安置补助费为$20\times4\times30\times2=4800$元;停产停业的损失为30000元。因此,王某获得的房屋拆迁安置费为1000+7200+4800+30000=43000元。

【法律条文】

《国有土地上房屋征收与补偿条例》第十七条规定:作出房屋征收决定的市、县级人民政府对被征收人给予的补偿包括:(一)被征收房屋价值的补偿;(二)因征收房屋造成的搬迁、临时安置的补偿;(三)因征收房屋造成的停产停业损失的补偿。

市、县级人民政府应当制定补助和奖励办法,对被征收人给予补助和奖励。

第二十二条规定:因征收房屋造成搬迁的,房屋征收部门应当向被征收人支付搬迁费;选择房屋产权调换的,产权调换房屋交付前,房屋征收部门应当向被征收人支付临时安置费或者提供周转用房。

第二十三条规定:对因征收房屋造成停产停业损失的补偿,根据房屋被征收前的效益、停产停业期限等因素确定。具体办法由省、自治区、直辖市制定。

🏠【友情提示】

房屋征收安置费是指在征收拆迁过程中,对被征收拆迁房屋的使用人进行安置而支付的费用总和。长期以来,城市房屋征收拆迁的对象一直是被拆除房屋的使用人,作为安置对象通常要具备两个条件,一是在征收拆迁范围内有正式户口或者营业执照,二是在征收拆迁范围内合法地、实际地使用房屋。凡依法被确定为征收拆迁安置对象,均有权在拆迁中得到安置费用。安置费用的多少取决于过渡期时间的长短,包括非住宅营业房停产、停业造成的损失以及房屋征收部门与被拆迁人约定的搬迁补助费等。

8. 谁承担房屋征收款被人冒领的责任?

🔍【经典案例】

刘某在T市某小区80号院有住房两间。2011年政府准备进行征收拆迁。刘某没有时间处理征收事宜,便将自己的身份证原件、户口本原件、房屋权属证明原件交由妹夫徐某,并出具委托书一份,要求徐某全权处理征收事宜。2011年4月,房屋征收部门与徐某就刘某的80号院两间住房达成征收货币补偿协议,协议约定:征收人(甲方)为T市房屋征收部门,被征收人(乙方)为刘某;甲方因城市项目建设,需要征收乙方在T市某小区80号院的住房两间,建筑面积为48平方米,乙方现有实际居住人口3人,分别是户主刘某,妻子王某,女儿刘某某;甲方承诺在乙方签订协议的10日内,将征收补偿款、安置费、补助费,合计520000元支付给乙方。徐某在征收补偿协议署名处签"刘某"并按了自己的手印。5日后,徐某领取了全部补偿款520000元,但徐某并没有将补偿款交给刘某,也没有报告委托事务的处理情况。后来刘某找到T市房屋征收部门要求支付征收补偿款及其利息,由于T市房屋征收部门已经支付了全部补偿款给刘某的委托人徐某,所以拒绝再次支付。刘某起诉至法院,请求判决T市房屋征收部门向刘某支付全部补偿款及利息。

【案情重温】

本案是代理人在房屋征收部门领取征收补偿款后没有转交给委托人所产生的纠纷。刘某的住房被政府征收拆迁,刘某将办理征收事宜所需原件如身份证、户口本、房产权交给徐某,并出具委托书一份,要求徐某全权处理征收。徐某与房屋征收部门就刘某的住房达成征收货币补偿协议,并领取征收补偿款、安置费、补助费,合计520000元,但徐某并没有将补偿款交给刘某。后来刘某找到T市房屋征收部门要求支付征收补偿款遭到拒绝,遂起诉至法院。

【处理意见】

法院受理案件后认为,公民、法人可以通过代理人实施民事法律行为。代理人在代理权限内,以被代理人的名义实施民事法律行为。被代理人对代理人的代理行为,承担民事责任。本案中,刘某委托徐某处理房屋征收事宜是刘某的真实意思表示,合法有效。刘某全权委托的授权范围,可理解为与征收有关的一切事项。徐某据此代理刘某签订征收补偿协议及领取补偿款的行为,并未超出刘某的授权范围,应属有效。房屋征收部门把补偿款交给徐某就履行了作为征收部门的义务,故不应承担继续履行的责任。刘某以T市房屋征收部门未将征收补偿款支付给本人构成违约为由,要求房屋征收部门支付征收补偿款及利息的诉讼请求,缺乏事实与法律依据,不予支持,因此法院做出了驳回刘某诉讼请求的裁定。

【法律条文】

《中华人民共和国民法通则》第六十三条规定:公民、法人可以通过代理人实施民事法律行为。

代理人在代理权限内,以被代理人的名义实施民事法律行为。被代理人对代理人的代理行为,承担民事责任。

《中华人民共和国合同法》第三百九十七条规定:委托人可以特别委托受托人处理一项或者数项事务,也可以概括委托受托人处理一切事务。

第四百零一条规定:受托人应当按照委托人的要求,报告委托事务的处理情况。委托合同终止时,受托人应当报告委托事务的结果。

第四百零四条规定:受托人处理委托事务取得的财产,应当转交给委托人。

【友情提示】

在签订征收补偿协议和领取征收补偿款的过程中,往往会出现被征收人以外的第三人冒充被征收人签订征收补偿协议和领取征收补偿款,从而造成被征收人合法利益受到损失的情形。因此,在涉及房屋征收补偿等重大利益事项时,征收双方当事人必须保持高度警惕,谨防上当受骗。作为被征收人更要保管好产权证、户口簿等证明文件,防止被别人不法利用。征收事宜应该自己亲自参与,因某种原因不能亲自前往,一定要委托信得过的亲友,同时委托事项必须明确,授权范围必须清楚,防止造成损失。当然,本案刘某应该以徐某为被告,请求事项是要求其返还征收补偿款,那么法院就会支持刘某的主张。所以纠纷发生后选择起诉事由也相当重要,必要时可以请专业人士如律师、法律工作者维护自己的利益。

下篇 拆迁

 翻修后的房屋被征收如何分配补偿款？

【经典案例】

李某与崔某共生育子女五人,分别是 A、B、C、D、F,E 是李某与前妻所生。李某与崔某结婚后在 H 市东城区有房屋二间半。1983 年 5 月李某去世,崔某与 F 没有经济来源,李某单位按规定支付抚恤金。1985 年,崔某把二间半房间翻建成北房四间,并使用了原房屋的部分材料。E 于 1991 年建东、西、南房各一间。2012 年,上述房屋被征收,崔某与房屋征收部门签订了房屋货币补偿协议,先后领取了房屋补偿款 350000 元,征收补助费 80000 元。崔某与六个子女对房屋补偿款项及补助款项的分割产生争议,崔某认为自己是一家之主,理应得到全部款项;E 认为东、西、南共三间房是自己所建,自己应该得到这三间房的征收补偿费用,同时北房四间房屋应该是父亲李某留下的遗产,其征收补偿款自己也应该得到部分。E 把争议诉至法院,请求对征收相关费用进行分割。

【案情重温】

本案是家庭成员共同翻修的房屋被征收后得到的补偿款如何分割而产生争议的案例。李某与崔某共养育子女 6 人,在 H 市东城区有房屋二间半。李某去世后,崔某把二间半房间翻建成四间。后来其子 E 建东、西、南房共三间。2012 年,房屋被征收,崔某与房屋征收部门签订了房屋货币补偿协议,先后领取了房屋补偿款 350000 元,征收补助费 80000 元。崔某与 E 对房屋补偿款项及补助款项的分割产生争议,双方争执不下,E 把争议诉至法院,要求对征收相关费用进行分割。

【处理意见】

法院审理后认为：本案诉争的征收补偿款，原、被告各方应按份共有，因为原、被告各方均是被征收人。法院确认翻修后的北房系家庭共同财产，其中属于李某的部分应由其法定继承人继承，后建的东、西、南房也是家庭共有财产。鉴于此，法院准备把A、B、C、D、F列为共同原告，参与诉讼，但A、B、C、D、F均明确表示放弃补偿款的继承，全部财产转为母亲崔某所有，法院在考虑E对建东、西、南房的贡献，以及崔某作为老年人的实际情况后，最后通过调解，E分得补偿款15万元，剩下的全部由崔某所得，和平地解决了母子之间的纠纷。

【法律条文】

《中华人民共和国民法通则》第七十六条规定：公民依法享有财产继承权。

《中华人民共和国继承法》第十条第一款、第二款规定：遗产按照下列顺序继承：第一顺序：配偶、子女、父母。第二顺序：兄弟姐妹、祖父母、外祖父母。

继承开始后，由第一顺序继承人继承，第二顺序继承人不继承。没有第一顺序继承人继承的，由第二顺序继承人继承。

第十三条规定：同一顺序继承人继承遗产的份额，一般应当均等……继承人协商同意的，也可以不均等。

第二十六条第一款规定：夫妻在婚姻关系存续期间所得的共同所有的财产，除有约定的以外，如果分割遗产，应当先将共同所有的财产的一半分出为配偶所有，其余的为被继承人的遗产。

《国有土地上房屋征收与补偿条例》第二条规定：为了公共利益的需要，征收国有土地上单位、个人的房屋，应当对被征收房屋所有权人（以下称被征收人）给予公平补偿。

【友情提示】

翻建房屋的补偿款分割产生争议的，首先要确定翻建后房屋的归属问题，如果没有向房屋登记部门申请变更登记的,原则上还是以原有登记记载为准,确定其是共同所有还是个人所有,在此基础上再进行补偿款的分割。

 非在册人员可以请求分配征收补偿款吗?

【经典案例】

史某与王某夫妻于1976年出资修建位于H区西街54号院内东房3间,1988年王某去世。1988年11月19日,史某与子女六人签订协议一份,约定H区西街54号院内东房3间归母亲史某所有。2003年,史某在该院内建北房2间。2011年1月,H区西街54号院内东房及北房被征收,史某的大儿子与房屋征收部门签订征收货币补偿协议,其中约定,史某为在册人口和实际居住人,征收补偿款、补助费共计280343元。史某实际分得40343元,史某的六位子女分别得到40000元。史某不满分配方案,认为西街54号院内东房及北房,均为自己所有,因此征收拆迁的补偿款和补助费也应该全部属于自己,六位子女分别得到40000元侵犯了自己的权利,遂起诉至法院,要求六位子女分别返还40000元。

【案情重温】

本案是继承人放弃房屋继承权后、房屋被征收时能否取得补偿款的争议案例。史某与王某夫妻修建房屋3间,王某去世后他们的子女六人也就是王某的继承人签订协议放弃对父亲房屋的继承,房屋3间归母亲史某所有。后来史某在该院内建北房2间。2011年所有房屋被征收,史某实际分得40343元,史某的六位子女分别得到40000元。史某不满分配方案,认为补偿款和补助费应该全部属于自己,于是起诉至法院,要求其子女返还各自所得的40000元。

【处理意见】

法院审理后认为,H区西街54号院内东房3间已经由子女与史某通过协议确定为史某所有,是基于子女真实意思的表达,使得协议具有有效性,后史某在院内建北房2间,史某系5间房屋的所有权人。根据《国有土地上房屋征收与补偿条例》的规定,史某是被征收人,取得的货币补偿款当然归属史某。六个子女各取得的40000元,没有取得史某的同意,在法律上属于不当得利的民事法律行为。因此其子女应将该款项予以返还,对史某的诉讼请求予以支持。判决生效后拒不返还的,由人民法院强制返还。

【法律条文】

《中华人民共和国民法通则》第九十二条规定:没有合法根据,取得不当利益,造成他人损失的,应当将取得的不当利益返还受损失的人。

第一百零八条规定:债务应当清偿。暂时无力偿还的,经债权人同意或者人民法院裁决,可以由债务人分期偿还。有能力偿还拒不偿还的,由人民法院判决强制偿还。

《国有土地上房屋征收与补偿条例》第二条规定:为了公共利益的需要,征收国有土地上单位、个人的房屋,应当对被征收房屋所有权人(以下称被征收人)给予公平补偿。

【友情提示】

在签订征收补偿协议确定征收补偿款时,按照《国有土地上房屋征收与补偿条例》的规定,征收补偿款只能给予被征收房屋所有权人。因此不是房屋的所有人就不是征收补偿的对象,不享有征收补偿利益。若被征收人以外的其他人侵犯了被征收人的利益如骗取了被征收人的补偿款,可能因此要承担返还财产的侵权责任。

下 篇 拆 迁

 婚前房屋被征收后补偿款如何分配?

【经典案例】

原告秦某与被告刘某于1989年3月登记结婚,婚前,被告刘某拥有位于B市F区某大街平房4间。1997年原告秦某与被告刘某在B市F区某西大街购买平房2间。2008年,刘某所拥有的位于B市F区某大街平房4间被政府征收,共获得补偿款60万元,刘某添了12万元购买了位于B市F区421室、261室房屋两套,房屋面积均为80平方米,当时的补偿政策是拥有B市F区户口的,每人可享受80平方米的安置价面积,安置均价为每平方米4500元。2010年B市F区某西大街改造,原告秦某与被告刘某在B市F区某西大街买的平房2间被征收,获得补偿款48万元,用其中45万元购买了位于B市F区某西大街房屋一套75平方米,安置价为每平方米6000元。该夫妻两人于2012年诉讼离婚,现三套房屋都登记在刘某名下,双方都同意离婚,但就房屋分割问题难以达成一致意见,遂请求法院判决。

【案情重温】

本案是夫妻离婚时婚前房屋被征收后补偿款如何分配引发纠纷的案例。婚前刘某拥有位于B市F区某大街平房4间,后夫妻在B市F区某西大街购买平房2间。2008年,刘某所拥有的婚前房屋被征收,共获得补偿款60万元,加家庭存款刘某按安置价购买了2套面积均为80平方米的房屋。2010年,夫妻共同购买的房屋被征收,获得补偿款48万元,用其中45万元购买了另一套房屋。两人于2012年诉讼离婚,但就房屋分割问题难以达成一致意见。

【处理意见】

法院审理后认为,本案涉及三套房屋:其中前两套是由刘某婚前财产演变而来的,其焦点在于被告刘某婚前的房屋被征收以后,用补偿款购买的房屋应如何分配的问题。因考虑到该房系安置房,以安置优惠价购得,两套房屋要考虑补偿款和优惠价两个因素,补偿款是对物的补偿,优惠价是对人的安置优惠。本案原告秦某作为居住人口是安置对象,理应取得安置的两套房的适当份额。经过法院组织,在双方同意的情况下达成协商,被告刘某补8万元给原告秦某,被告取得两套房屋的所有权,原告取得一套房屋的所有权,案件得到圆满解决。

【法律条文】

《中华人民共和国婚姻法》第十七条规定:夫妻在婚姻关系存续期间所得的下列财产,归夫妻共同所有:(一)工资、奖金;(二)生产、经营的收益;(三)知识产权的收益;(四)继承或赠与所得的财产,但本法第十八条第三项规定的除外;(五)其他应当归共同所有的财产。

夫妻对共同所有的财产,有平等的处理权。

第十八条规定:有下列情形之一的,为夫妻一方的财产:(一)一方的婚前财产;(二)一方因身体受到伤害获得的医疗费、残疾人生活补助费等费用;(三)遗嘱或赠与合同中确定只归夫或妻一方的财产;(四)一方专用的生活用品;(五)其他应当归一方的财产。

《最高人民法院关于适用<中华人民共和国婚姻法>若干问题的解释(一)》第十九条规定:婚姻法第十八条规定为夫妻一方所有的财产,不因婚姻关系的延续而转化为夫妻共同财产。但当事人另有约定的除外。

《最高人民法院关于适用<中华人民共和国婚姻法>若干问题的解释(二)》第十一条规定:婚姻关系存续期间,下列财产属于婚姻法第十七条规定的"其他应当归共同所有的财产":(一)一方以个人财产投资取得的收益;(二)男女双方实际取得或者应当取得的住房补贴、住房公积金;(三)男女双方实际取得或者应当取得的养老保险金、破产安置补偿费。

【友情提示】

本案是用夫妻一方婚前所有的房屋征收补偿款所购买的安置用房,在离婚时就涉及另一方是否能分得相应份额的争议。《中华人民共和国婚姻法》尽管对夫妻共有财产做出了非常详尽的规定,但在现实司法实务中,法院往往会考虑房屋补偿的费用、家庭生活的实际、对家庭的贡献、征收补偿时的居住人口以及安置时政府的具体政策来综合决策,做出公平合理的裁决。

12. 被征收人能否以新的补偿标准重新签订征收补偿协议?

【经典案例】

王某是 C 市 B 区某街道居民,B 区某街道涉及征收拆迁。由于政府招商引资流产,导致征收拆迁资金到位困难,政府为了改善城市环境,采取"蚂蚁搬家"的方式进行征收拆迁,即政府有多少资金就给多少住户签订征收补偿协议。王某是第一批与政府征收部门签订征收补偿协议的居民,在房屋评估价的基础上,征收协议约定王某的 80 平方米的房屋补偿款为 32 万元,补助费为 3 万元,共计 35 万元,为了避免纠纷发生,房屋征收部门特地请 C 市公证处对第一批征收的居民进行了公证。后来第二批住户也在公证处的公证下相继签订了征收补偿协议。住户在领取征收补偿款后纷纷按照约定搬离了原住房,但是政府征收部门并没有把这些房屋拆除。待到第三批住户征收拆迁时由于房价飙升,加上国务院颁行了《国有土地上房屋征收与补偿条例》,征收补偿费用也大幅提高。以王某为代表的第一批、第二批被征收人认为半年时间就有近 20 万元的损失,于是纷纷到政府部门申诉、上访,有的甚至还跑到区政府静坐示威,要求政府认定原来签订的征收补偿协议无效，重新签订征收补偿协议，提高补偿标准。政府征收部门只好把争议提交法院，由法院来裁判。

【案情重温】

本案是同一片区的业主在不同时间与政府征收部门签订的征收补偿协议约定的征收费用能否都以最高的标准进行补偿所产生的纠纷。政府在不同时间分三批与王某等被征收人签订了征收补偿协议。由于房价上涨等因素导致第三批被征收人的补偿费比第一批、第二批被征收人的补偿费有所提高。第一批、第二批被征收人认为其受骗，于是到政府部门申诉、上访，要求重新签订征收补偿协议，提高补偿标准。

【处理意见】

法院审理案件后认为，第一批、第二批被征收人与政府征收部门签订的征收补偿协议，是双方的真实意思表示，并有国家公证机关的公证且不违反法律法规的强制性规定，应认定为有效，受法律保护，双方应该切实履行各自的义务，被征收人主张征收补偿协议无效没有证据予以证明。法院同时查明，征收补偿协议签订后，第一批、第二批被征收人已经领取了补偿款，被征收房屋也已交给政府征收部门等待拆除，实际双方都履行了各自的义务，双方法律关系已经终止。法院同时还查明，第一批、第二批征收前都由被征收人协商选定政府征收部门委托的房地产价格评估机构居中评估，被征收人对评估报告并没有异议。法院最后还查明，第三批在程序上与第一批、第二批完全相同，只是由于房价市场上涨导致征收房屋评估价值上升，完全是市场行为，并非政府征收部门有意为之。法院最后判定政府征收部门胜诉。但政府考虑到第一批、第二批被征收人为征收拆迁工作做出了贡献，决定给予每个居民2000元奖励，平息了政府与被征收人之间的矛盾。

【法律条文】

《中华人民共和国合同法》第八条规定：依法成立的合同，对当事人具有法律约束力。当事人应当按照约定履行自己的义务，不得擅自变更或者解除合同。

依法成立的合同，受法律保护。

第六十条第一款规定：当事人应当按照约定全面履行自己的义务。

《国有土地上房屋征收与补偿条例》第十七条第二款规定：市、县级人民政府应当制定补助和奖励办法，对被征收人给予补助和奖励。

第二十五条第二款规定：补偿协议订立后，一方当事人不履行补偿协议约定的义务的，另一方当事人可以依法提起诉讼。

《国有土地上房屋征收评估办法》第十一条第一款规定：被征收房屋价值是指被征收房屋及其占用范围内的土地使用权在正常交易情况下，由熟悉情况的交易双方以公平交易方式在评估时点自愿进行交易的金额，但不考虑被征收房屋租赁、抵押、查封等因素的影响。

第十四条第一款规定：被征收房屋价值评估应当考虑被征收房屋的区位、用途、建筑结构、新旧程度、建筑面积以及占地面积、土地使用权等影响被征收房屋价值的因素。

【友情提示】

中国的城市化进程不是一蹴而就的，而是一个非常漫长的过程。城市建设有快有慢，征收房屋也有先后。由于市场机制的作用，不同时间被征收的房屋补偿肯定不同，标准有高有低，被征收人一定要以平和的心态看待补偿政策。政府部门也不要认为把补偿款支付给被征收人后就万事大吉，必须在被征收人的生活、安置、养老、医疗等方面做好公共服务，这样才能做到搬得走、稳得住，老百姓才能乐意为国家城市建设牺牲个人利益。

13. 加盖房屋获取补偿款是否构成诈骗罪？

【经典案例】

吴某在A市B区C街拥有平房4间，2011年，B区政府拟将吴某所在片区征收改造，通过招投标方式进行商业开发，但对外并没有公布、宣传。吴某在与国土局的一位朋友喝酒时得知消息后立即在自家院内加盖了配房。后B区政府贴出征收公告，告知将进行拆迁，从公告之日起，禁止私自加盖。2011年年底征收部门在丈量面积时以该房无证为由不予确认，而吴某强调是公告前建筑，应该补偿，故双方始终无法达成协议。因双方僵持，整个项目工期一推再推。2012年6月5日，B区政府房屋征收部门突然通知吴某，同意把配房计入征收范围，要求其尽快来签订合同。吴某第二天去房屋征收部门签订了补偿协议，然后按协议数额领取了补偿款。

2012年6月7日，B区公安局来到吴某家中，以诈骗罪将其拘留。2012年9月27日，B区检察院以诈骗罪提起公诉。在辩护律师极力争取下，检察院最终撤诉。

【案情重温】

本案是在房屋征收前加盖房屋获取补偿款的行为是否构成诈骗罪的案件。吴某在A市B区C街拥有平房4间，在得知政府要对该片区征收改造前在自家院内加盖了配房。后B区政府贴出征收公告。2011年年底，征收部门在丈量面积时以该房无证为由不予确认，而吴某认为该房为公告前建筑，应该补偿，双方无法达成协议。虽征收部门同意把配房计入征收范围，但吴某仍因诈骗被检察院提起公诉。

【处理意见】

《国有土地上房屋征收与补偿条例》规定:"房屋征收范围确定后,不得在房屋征收范围内实施新建、扩建、改建房屋和改变房屋用途等不当增加补偿费用的行为;违反规定实施的,不予补偿。"如何解读此条款,可能是千人千面,被征收人认为该条款的时间性有确切的限制,限定在房屋征收范围确定后,而被征收人的房屋加盖行为发生在房屋征收范围确定前,所以没有违背相关规定。而房屋征收部门对同一情形可能以《国有土地上房屋征收与补偿条例》第二十四条的规定来认定,得出了与被征收人相反的结论。尽管后来房屋征收部门妥协,被征收人领取了征收房屋的补偿款,但却换来了公安机关的拘留。被征收人吴某的行为构不构成诈骗罪,关键是看吴某加盖房屋的行为是不是欺诈行为,是不是虚构事实,隐瞒真相,同时还要看吴某主观上是否有非法占有的想法,还要看房屋征收部门是不是在吴某欺骗的情况下出现错误而支付了房屋补偿款。从客观上讲,吴某并没有隐瞒搭建的事实,只是双方对搭建行为的性质认识不同,而房屋征收部门也没有产生错误认识,从双方始终无法达成协议就可见一斑。最后签订协议也是房屋征收部门通知吴某的,更不存在吴某蓄意欺骗。既然不存在欺诈行为,显然不成立诈骗罪。检察院的撤诉是正确的。

【法律条文】

《中华人民共和国刑法》第二百六十六条规定:诈骗公私财物,数额较大的,处三年以下有期徒刑、拘役或者管制,并处或者单处罚金;数额巨大或者有其他严重情节的,处三年以上十年以下有期徒刑,并处罚金;数额特别巨大或者有其他特别严重情节的,处十年以上有期徒刑或者无期徒刑,并处罚金或者没收财产。本法另有规定的,依照规定。

《国有土地上房屋征收与补偿条例》第十六条第一款规定:房屋征收范围确定后,不得在房屋征收范围内实施新建、扩建、改建房屋和改变房屋用途等不当增加补偿费用的行为;违反规定实施的,不予补偿。

第二十四条规定：市、县级人民政府及其有关部门应当依法加强对建设活动的监督管理，对违反城乡规划进行建设的，依法予以处理。

市、县级人民政府作出房屋征收决定前，应当组织有关部门依法对征收范围内未经登记的建筑进行调查、认定和处理。对认定为合法建筑和未超过批准期限的临时建筑的，应当给予补偿；对认定为违法建筑和超过批准期限的临时建筑的，不予补偿。

【友情提示】

从本案可以看出，我国无证房形成的原因极其复杂，所以无证房、加盖房能否取得征收拆迁补偿款应具体问题具体分析，房屋征收部门一刀切不给无证房、加盖房补偿的做法不一定都可取。此案提醒广大被征收人，如果自己的房屋没有相应产权证，在征收拆迁时应当及时聘请律师维权支招，防止发生与本案当事人一样的法律风险。

四、强制拆迁、强制搬迁及房屋拆除

 征收补偿安置协议尚未签订,房屋就被推倒,房主如何保护自己的利益?

【经典案例】

李某家住 B 市 S 区,2012 年 10 月,其居住的社区西里 12 号因城市建设规划被列入拆迁范围,李某成为拆迁对象。可是,李某与拆迁人就安置和补偿问题还存在一些争议。在双方未签订补偿安置合同前,拆迁人将李某骗到镇政府,在李某不在场的情况下将房屋推倒。后来,李某请求法院确认拆迁人的行为违法,并请求赔偿经济损失。可拆迁人认为,李某恶人先告状,由于他的迟迟不搬,严重影响了工程建设进度,造成公司重大损失,公司没有找他赔偿就已经很大度了,其拆迁行为合法有效。

【案情重温】

李某家因城市建设规划,被列入拆迁范围。李某与拆迁人一直因安置和补偿问题未能签订协议,后拆迁人在李某不知情的情况下,将房屋拆迁,李某遂告至法院,请求赔偿经济损失。

【处理意见】

根据《国有土地上房屋征收与补偿条例》的规定,进行房屋拆迁,必须维护拆迁当事人的合法权益。作为被拆迁人的李某,有权就自己房屋的拆迁要求补偿和安置，拆迁人应当与李某签订房屋拆迁补偿安置协议。本案中，由于双方对房屋拆迁补偿安置协议的内容没有取得一致意见，迟迟不能签约。但是，达不成拆迁补偿安置协议的，当事人可以申请由房屋拆迁管理部门做出行政裁决。被拆迁人在裁决规定的搬迁期限内未搬迁的，由房屋所在地的市、县人民政府责成有关部门强制拆迁，或者由房屋管理部门依法申请人民法院强制拆迁。住房和城市建设部对城市房屋拆迁工作有严格的程序，在前一程序未进行或者未达到规定要求的，不得进入后一程序。所以，即使被拆迁人拒绝签约的行为可能会造成拆迁工程的延误，拆迁人也不得在未与被拆迁人达成补偿安置协议的情况下，或者在未经行政裁决或法院判决解决拆迁补偿问题之前，擅自拆除被拆迁人的房屋。《中华人民共和国物权法》也进一步强调了对私人房屋等不动产的所有权的保护。

法院审理后认为：房屋征收部门在未与李某就房屋拆迁补偿和安置签订协议之前，未经法定程序，私自推倒李某的房屋，其行为已经侵害了李某的合法权益，应当对李某的房屋损失、房内财产损失等承担损害赔偿责任。

【法律条文】

《国有土地上房屋征收与补偿条例》第二十五条规定：房屋征收部门与被征收人依照本条例的规定，就补偿方式、补偿金额和支付期限、用于产权调换房屋的地点和面积、搬迁费、临时安置费或者周转用房、停产停业损失、搬迁期限、过渡方式和过渡期限等事项，订立补偿协议。

补偿协议订立后，一方当事人不履行补偿协议约定的义务的，另一方当事人可以依法提起诉讼。

第二十六条第一款规定：房屋征收部门与被征收人在征收补偿方案确定的签约期限内达不成补偿协议，或者被征收房屋所有权人不明确的，由房屋征收部门报请作出房屋征收决定的市、县级人民政府依照本条例的规定，按照征收补偿方案作出补偿决定，并在房屋征收范围内予以公告。

第二十八条第一款规定：被征收人在法定期限内不申请行政复议或者不

提起诉讼,在补偿决定规定的期限内又不搬迁的,由作出房屋征收决定的市、县级人民政府依法申请人民法院强制执行。

🏠【友情提示】

《国有土地上房屋征收与补偿条例》对房屋征收的适用范围、补偿协议、补偿决定、先补偿后搬迁等内容的规定为拆迁人的行为划定了合法与违法的边界,拆迁人行使拆迁行为必须按此规定进行,否则为非法拆迁。

被拆迁人也要在与拆迁人达成补偿协议的基础上主动搬迁,否则市、县级人民政府做出补偿决定并予以公告后可由法院强制执行拆迁。

 政府部门可以做出强制拆迁的决定吗?

🔍【经典案例】

张某是S省L市一幼儿园老师,在L市拥有商品房一套。2011年2月,L市决定对张某所在片区实施征收,但张某的补偿期望与政府的补偿相差较大,双方未能在拆迁期限内达成征收补偿安置协议。2011年7月,L市房屋征收部门请求市住建局做出裁定,要求张某最迟于8月15日必须腾出被征收房屋,交由政府征收部门处理。但到8月20日,张某也没有搬离房屋,将其交由征收部门处理。8月30日,L市政府做出了强制执行决定,准备对张某的房屋实施强拆。张某针对强拆决定向S省政府提起行政复议,省政府审查后很快做出复议决定,撤销了L市政府的强拆决定,维护了被征收人的利益。

📁【案情重温】

本案是政府部门做出强制拆迁的具体行政行为时被拆迁人不服所引发的

案例。当事人张某在S省L市拥有商品房一套。2011年2月，L市决定对张某所在片区实施征收，但补偿费用较低，双方未达成征收补偿安置协议。L市市住建局做出裁定，要求张某在规定的时间里腾出被征收房屋，交由政府征收部门处理，但张某没有履行腾房义务。为此L市政府做出了强制执行决定，决定对张某的房屋实施强拆。张某向S省政府提起行政复议，省政府审查后撤销了市政府的强拆决定，维护了被征收人的利益。

【处理意见】

S省政府收到当事人张某不服L市政府做出的对其私有房屋强制执行决定的复议申请后，对L市政府机关的工作人员进行了严厉的批评，认为L市机关仍然在用旧思想、旧观念、旧模式在处理房屋征收纠纷。2001年国务院公布的《城市房屋拆迁管理条例》所规定的市、县人民政府的强制拆迁职责已被新的于2011年颁行的《国有土地上房屋征收与补偿条例》所废除，只规定了人民法院的强制拆迁权，也就是说，在《国有土地上房屋征收与补偿条例》施行以后，行政强拆被全面禁止，只保留了司法强拆。同时实施司法强拆的前提是对政府的补偿决定不申请行政复议或者不提起行政诉讼，且被征收房屋没有搬迁。所以省政府审查后认为市政府滥用行政权力，因而做出撤销L市政府的强拆决定的复议决定，维护了被征收人的合法利益。

【法律条文】

《国有土地上房屋征收与补偿条例》第二十六条规定：房屋征收部门与被征收人在征收补偿方案确定的签约期限内达不成补偿协议，或者被征收房屋所有权人不明确的，由房屋征收部门报请作出房屋征收决定的市、县级人民政府依照本条例的规定，按照征收补偿方案作出补偿决定，并在房屋征收范围内予以公告。

补偿决定应当公平，包括本条例第二十五条第一款规定的有关补偿协议的事项。

被征收人对补偿决定不服的,可以依法申请行政复议,也可以依法提起行政诉讼。

第二十八条规定:被征收人在法定期限内不申请行政复议或者不提起行政诉讼,在补偿决定规定的期限内又不搬迁的,由作出房屋征收决定的市、县级人民政府依法申请人民法院强制执行。

强制执行申请书应当附具补偿金额和专户存储账号、产权调换房屋和周转用房的地点和面积等材料。

【友情提示】

2011年颁布和施行的《国有土地上房屋征收与补偿条例》取代了2001年国务院公布的《城市房屋拆迁管理条例》,补偿条例已经明确废除了管理条例的行政强拆。行政强拆已明文禁止,政府部门不得责成有关部门强制拆迁。在这样的背景下,政府机关还支持行政强拆行为,显然是违法的,所以省政府撤销市政府的行政强拆决定是正确的。

3. 城市管理执法部门有权利对违法建筑做出限期拆除的要求吗?

【经典案例】

可某在F省F市C区拥有花园洋房一栋,在1990年代乡镇政府公开招商时取得建设资格,但未取得建设部门的工程规划许可证,且房屋建成后一直未能办理房屋产权证等相关证件,2011年可某所在片区被列入征地拆迁范围。2012年9月,可某收到C区城市管理执法局做出的行政处罚决定书,称依据《中华人民共和国城乡规划法》的规定,责令可某在收到处罚决定书的5日内自行拆除其房屋,逾期不履行将予以强制拆除。可某以C区城市管理执法局做出上述行政强制行为主体违法，违反法定程序为由提起行政复议，复议机关做出了维持的复议决定。2013年，可某诉至C区人民法院，请求确认上述具体行政行为违法，并撤销行政处罚决定书。

【案情重温】

本案是拆除没有办理房屋产权证的建筑主体的合法性的纠纷案件。可某于1990年代乡镇政府公开招商时在F省F市C区取得资格建成花园洋房一栋，但未能取得工程规划许可证，房屋建成后也未办理产权证等相关证件，后被列入征地拆迁范围。2012年9月，可某收到城市管理执法局做出的行政处罚决定书，责令可某在收到处罚决定书的5日内自行拆除其房屋，逾期不履行将予以强制拆除。可某以C区城市管理执法局没有执法权为由提起行政复议，复议机关做出了维持的复议决定。可某不服复议决定诉至C区人民法院。

【处理意见】

法院审理案件后认为，该案城市管理执法局能否有权要求相对人可某责令限期拆除房屋，主要是看责令限期拆除的行为是一项行政强制措施，还是行政处罚。行政强制措施是指行政机关在行政管理过程中，为制止违法行为、防止证据损毁、避免危害结果发生、控制危险扩大等情形，依法对公民的人身自由实施暂时性限制，或者对公民的财物实施暂时性控制的行为。行政处罚是指由行政机关依照法律、法规或者规章，依据行政处罚法规定的程序，对相对人违反行政管理秩序的行为给予的处罚，根据《中华人民共和国行政处罚法》的规定，国务院或者经国务院授权的省、自治区、直辖市人民政府可以决定一个行政机关行使有关行政机关的行政处罚权。法院认为，责令限期拆除行为是行政强制措施而非行政处罚，所以判决城市管理执法局做出责令限期拆除行为的行政处罚是一种越权行为，后撤销了行政机关的行政复议决定。

下 篇 拆 迁

【法律条文】

《中华人民共和国行政处罚法》(以下简称《行政处罚法》)第十六条规定：国务院或者经国务院授权的省、自治区、直辖市人民政府可以决定一个行政机关行使有关行政机关的行政处罚权，但限制人身自由的行政处罚权只能由公安机关行使。

《中华人民共和国城乡规划法》(以下简称《城乡规划法》)第六十四条规定：未取得建设工程规划许可证或者未按照建设工程规划许可证的规定进行建设的，由县级以上地方人民政府城乡规划主管部门责令停止建设；尚可采取改正措施消除对规划实施的影响的，限期改正，处建设工程造价百分之五以上百分之十以下的罚款；无法采取改正措施消除影响的，限期拆除，不能拆除的，没收实物或者违法收入，可以并处建设工程造价百分之十以下的罚款。

【友情提示】

根据《城乡规划法》相关条文的规定，只有县级以上地方人民政府城乡规划主管部门有权做出责令限期拆除行为。城市管理执法局做出的行政处罚决定书明显违法。因此，复议机构做出维持城市管理执法局所做出的行政处罚行为的复议决定是没有法律依据的，法院及时撤销了复议机构的复议决定。

4. 被征收人签订安置补偿协议后拒绝搬迁，政府可以实施强拆吗？

【经典案例】

张某的房屋位于A省B市一绿化隔离带综合改造项目范围内，2011年2月11日，张某与房屋征收部门签订了房屋征收补偿安置协议书，就补偿方式、补偿金额、搬迁交房日期等进行了约定,在约定时间内由张某把被征收房屋交给房屋征收部门拆除。征收补偿安置协议签订后,张某认为房屋征收部门给自己的补偿标准低于其他人,因而拒绝搬迁。2012年6月,张某居住地的区政府发布强制搬迁通知,要求绿化隔离带综合改造项目范围内已经签订补偿安置协议,但未依约履行的被征收人必须在通知发出后的15日内搬迁完毕,逾期不搬迁将予以强制拆除。2012年8月15日,张某的房屋被区政府组织的公安、城管、环保、国土等部门人员强行拆除。张某认为政府侵犯了其财产权,向区法院提起诉讼,请求法院确认区政府对其房屋实施强拆行为违法,并赔偿经济损失。

【案情重温】

本案是被征收人签订安置补偿协议后拒绝搬迁,政府实施强拆所产生争议的案件。张某的房屋位于一绿化隔离带综合改造项目范围内,张某与房屋征收部门签订了房屋征收补偿安置协议书后拒绝搬迁。区政府发布强制搬迁通知,要求15日内未依约搬迁的被征收人必须搬迁,逾期不搬迁将予以强制拆除。后来张某的房屋被强行拆除。张某不服遂向区法院提起诉讼,请求法院确认政府的强拆行为违法,并赔偿经济损失。

【处理意见】

法院受理案件经过审理后认为,被征收人与房屋征收部门签订安置补偿协议,是双方的真实意思表示,合法有效,双方必须按照协议的约定履行双方的义务,从而实现双方各自的权利。本案被征收人签订安置补偿协议后,没有履行自己的义务,导致房屋征收拆迁工作难以开展,所以政府部门实施了强拆。但由于《国有土地上房屋征收与补偿条例》只规定了司法强拆,没有规定行政强拆,显然本案政府组织公安、城管、环保、国土等部门人员强行拆除被征收人的房屋是违法行为。法院支持了被征收人的请求,判决政府的强拆行为违法,并赔偿被征收人的经济损失。

【法律条文】

《中华人民共和国合同法》第八条规定:依法成立的合同,对当事人具有法律约束力。当事人应当按照约定履行自己的义务,不得擅自变更或者解除合同。

依法成立的合同,受法律保护。

第六十条第一款规定:当事人应当按照约定全面履行自己的义务。

《国有土地上房屋征收与补偿条例》第二十五条规定:房屋征收部门与被征收人依照本条例的规定,就补偿方式、补偿金额和支付期限、用于产权调换房屋的地点和面积、搬迁费、临时安置费或者周转用房、停产停业损失、搬迁期限、过渡方式和过渡期限等事项,订立补偿协议。

补偿协议订立后,一方当事人不履行补偿协议约定的义务的,另一方当事人可以依法提起诉讼。

第二十六条规定:房屋征收部门与被征收人在征收补偿方案确定的签约期限内达不成补偿协议,或者被征收房屋所有权人不明确的,由房屋征收部门报请作出房屋征收决定的市、县级人民政府依照本条例的规定,按照征收补偿方案作出补偿决定,并在房屋征收范围内予以公告。

补偿决定应当公平,包括本条例第二十五条第一款规定的有关补偿协议的事项。

被征收人对补偿决定不服的,可以依法申请行政复议,也可以依法提起行政诉讼。

第二十八条规定:被征收人在法定期限内不申请行政复议或者不提起行政诉讼,在补偿决定规定的期限内又不搬迁的,由作出房屋征收决定的市、县级人民政府依法申请人民法院强制执行。

强制执行申请书应当附具补偿金额和专户存储账号、产权调换房屋和周转用房的地点和面积等材料。

【友情提示】

签订补偿安置协议后,未交房前,对于被征收人而言仍然享有房屋的所有权,如果被征收人不履行补偿协议约定的义务,不能采取司法强拆,因为司法强拆的前提是针对政府的补偿决定而不是补偿安置协议,更不能采取被国务院已经废止的行政强拆。该案采取这些行为都是对被征收人权利的侵犯,是应当禁止的。那么房屋征收部门又如何实施征收行为呢?根据规定,房屋征收部门可以依法提起民事诉讼,通过诉讼方式判决来解决征收拆迁事宜,从而依法开展征收拆迁工作。

5. 一审法院强制拆迁的行为是否合法?

【经典案例】

高某在B市X区东大街12号有住房一套,2011年12月,区房屋征收部门发布公告,因修建城市休闲广场,高某的住房所在区域都在征收拆迁范围之内。2012年1月,区房屋征收部门开始对征收拆迁进行动员宣传,准备开始实施征收拆迁活动。但在征收过程中,高某与区房屋征收部门无法就征收补偿达成一致意见,于是区房屋征收部门向区政府提出申请,请求依法做出行政裁定。2012年3月,区政府做出行政裁决,要求高某在1个月内搬迁完毕。由于该裁定并没有增加征收补偿费用,高某很失望,仍拒绝搬迁。区政府向区人民法院依法申请强制执行,2012年7月3日,区人民法院向高某下达裁定书,决定对高某的房屋进行强制拆迁。7月5日,高某不服区人民法院的裁定并向市中级人民法院上诉,但7月8日,在区法院的带领下,公安、城管、环保、国土等部门对高某的房屋进行了强行拆除。

下篇 拆迁

【案情重温】

本案是一审法院判决后在上诉期间发生强制拆迁行为产生纠纷的案件。高某的一套住房被区房屋征收部门列入征收拆迁范围之内,但高某与区房屋征收部门无法就征收补偿达成一致意见,于是区政府在房屋征收部门要求下做出行政裁决,裁定高某在1个月内搬迁完毕。裁定没有增加征收补偿费用,高某仍拒绝搬迁。区政府向区人民法院依法申请强制执行。人民法院向高某下达裁定书,决定对高某的房屋进行强制拆迁。高某不服区人民法院的裁定并向市中级人民法院上诉,在此期间高某的房屋被强行拆除。

【处理意见】

中级人民法院审理后认为,本案存在两个非常致命的错误:一是一审法院下达的强制执行裁定书是在违背法律和事实的基础上进行的;二是当事人还在上诉期间,法院带领相关部门对高某的房屋强行拆除,违背了我国诉讼法规定的两审终审原则。由于双方没有达成征收补偿协议,那么根据规定政府应当以公平为原则做出补偿决定而不是搬迁决定,没有政府的补偿决定,法院不能做出强制执行裁定书;其次,我国在审判制度上实行两审终审,在当事人提起上诉申请时,一审裁定就没有约束力,本案被征收人在上诉期间,一审法院带领公安、城管、环保、国土等部门对高某的房屋进行强行拆除违背了两审终审制度。二审法院以一审法院适用法律错误,严重违背法定程序为由撤销了一审裁定,并要求一审法院根据国家赔偿法的规定赔偿上诉人高某的损失。

【法律条文】

《国有土地上房屋征收与补偿条例》第二十六条规定:房屋征收部门与被征收人在征收补偿方案确定的签约期限内达不成补偿协议,或者被征收房屋所有权人不明确的,由房屋征收部门报请作出房屋征收决定的市、县级人民政府依照本条例的规定,按照征收补偿方案作出补偿决定,并在房屋征收范围内予以公告。

补偿决定应当公平,包括本条例第二十五条第一款规定的有关补偿协议的事项。

被征收人对补偿决定不服的,可以依法申请行政复议,也可以依法提起行政诉讼。

第二十八条规定:被征收人在法定期限内不申请行政复议或者不提起行政诉讼,在补偿决定规定的期限内又不搬迁的,由作出房屋征收决定的市、县级人民政府依法申请人民法院强制执行。

强制执行申请书应当附具补偿金额和专户存储账号、产权调换房屋和周转用房的地点和面积等材料。

【友情提示】

《国有土地上房屋征收与补偿条例》规定,在征收双方当事人没有达成征收补偿协议时,市、县级人民政府可依照公平原则按照征收补偿方案做出补偿决定,被征收人对补偿决定不服的,可以依法申请行政复议,也可以依法提起行政诉讼。被征收人在法定期限内不申请行政复议或者不提起行政诉讼,在补偿决定规定的期限内又不搬迁的,由做出房屋征收决定的市、县级人民政府依法申请人民法院强制执行。所以,申请人民法院强制执行搬迁的请求,以及人民法院强制执行的职权行为都必须依法进行,否则会偏离法律的航线。

下篇 拆迁

 被征收人的房屋遇偷拆时权利如何维护?

【经典案例】

2011年3月初,居住于A省B市C区D街道的辛某收到区政府征收拆迁公告,告知因政府修建地铁项目需要征收其位于C区F街道的136平方米的房屋,房屋征收部门愿以65万货币补偿方式与辛某达成征收补偿协议。而辛某认为房屋市场价格应该在90万比较合理,或者产权调换两套面积为90平方米的房屋,双方未能达成一致意见。2011年6月21日凌晨3点,睡梦中的辛某接到F街道一居民林某打来的电话,告知辛某位于F街道的房屋被人拆除了。辛某随即赶到F街道房屋处,发现其房屋果然已被拆毁,只剩下一堆残垣断壁。辛某立刻拨打110报警,约半小时后F街道派出所民警王某赶到现场,对辛某进行了询问,现场拍摄了照片,制作了笔录。第二天派出所民警还进行了调查,询问了证人,制作现场认定书,派出所的结论是辛某的房屋是被人偷拆、毁损。派出所结论下达的第4天,辛某以C区房屋征收部门为被告向C区人民法院提起诉讼,请求判令被告随意拆除原告房屋的行为违法,并判令被告恢复原状。

【案情重温】

本案是被征收人的房屋遇偷拆时应该怎样维权的案件。辛某所在区政府发出拆迁公告,告知其位于C区F街道的136平方米的房屋需要征收,但双方未就补偿达成一致意见。某日凌晨,辛某位于F街道的房屋被人拆除了。辛某知道后随即报警,街道派出所民警赶到现场,进行了询问,现场拍摄了照片,制作了笔录,派出所的结论是房屋被人偷拆、毁损。派出所结论下达后辛某向区人民法院提起诉讼,请求判令C区房屋征收部门随意拆除房屋的行为违法,并判令恢复原状。

社区征地拆迁纠纷处理指南

【处理意见】

法院审理案件后认为,相关部门利用夜间房主不在时偷拆、毁损其房屋,其行为严重侵害了辛某私人所有的合法财产,因为公民的房屋及其附属物属于公民合法私有财产的基本组成部分,受宪法和其他法律的保护,侵权人轻则承担民事责任,重则承担刑事责任。房屋是居民非常重要的财产,法院认为拆除者的行为已经构成刑法规定的毁坏公私财物罪,于是做出中止审理的裁定,将案件转交公安机关,由公安机关立案侦查,侦破案件,确定犯罪嫌疑人,在此基础上划分责任,确定赔偿标准和惩处嫌疑人。

【法律条文】

《中华人民共和国宪法》第十三条第一款规定:公民的合法的私有财产不受侵犯。

《中华人民共和国民法通则》第七十五条第二款规定:公民的合法财产受法律保护,禁止任何组织或者个人侵占、哄抢、破坏或者非法查封、扣押、冻结、没收。

第一百一十七条规定:侵占国家的、集体的财产或者他人财产的,应当返还财产,不能返还财产的,应当折价赔偿。

损坏国家的、集体的财产或者他人财产的,应当恢复原状或者折价赔偿。

受害人因此遭受其他重大损失的,侵害人并应当赔偿损失。

《中华人民共和国物权法》第三十六条规定:造成不动产或者动产毁损的,权利人可以请求修理、重作、更换或者恢复原状。

第三十七条规定:侵害物权,造成权利人损害的,权利人可以请求损害赔偿,也可以请求承担其他民事责任。

《中华人民共和国行政强制法》第四十三条第一款规定:行政机关不得在夜间或者法定节假日实施行政强制执行。但是,情况紧急的除外。

《中华人民共和国刑法》第二百七十五条规定:故意毁坏公私财物,数额较大或者有其他严重情节的,处三年以下有期徒刑、拘役或者罚金;数额巨大或者有其他特别严重情节的,处三年以上七年以下有期徒刑。

【友情提示】

在法制越来越健全,法治环境越来越好的今天,被征收房屋遭遇偷拆、毁损应该说是征收拆迁中极其特别的案件。但如果确有在夜间偷拆、毁损被征收房屋情况的发生,当事人首先应当在第一时间做好证据保全,如通过拍照、录像等收集视听资料的形式做现场保全,并确定目击者,做好证人证言。同时还要及时拨打110报警。争取警察第一时间到场,对收集有力、有利证据,维护自身利益非常重要。其次,当事人还应该采取综合性的救济措施,多方面的救济维权其成功率大于单一方面的救济,如用行政、民事、刑事的手段来保护自己的利益。

7. H省Z市"8·9"案符合民意就可以强拆吗?

【经典案例】

据2014年8月12日《新京报》报道:2008年H省Z市张某未经相关部门审批在H省Z市C镇107国道旁私自盖四层房屋,共计420平方米。2012年4月12日,Z市开始在C镇107国道进行扩建升级征迁工作,共涉及百余户居民,张某的房屋处于征迁范围内。当时,仅张某1户不同意拆迁。2014年1月,Z市地铁2号线南延工程又正式启动,张某房屋又处于该重点工程征迁范围内,是该工程段内仅存的一处民房。虽经多次协商,张某要价太高,仍不予配合,导致二标段停工20多天,给施工单位造成了严重损失,并直接影响了城郊铁路建设工程的顺利推进。为确保重点工程顺利建设,8月9日凌晨,张某的420

平方米的楼房被强拆。当时张某夫妇被强拉到镇公墓4个小时,返回时被丢在2千米之外的路边。回到家里,看到一片废墟,张某报警,直到下午才有警察出现,媒体称"8·9"案。11日,Z市官方承认强拆事实,但理由是张某漫天要价,严重影响了工程进展,是不得已的强征行为,否则地铁工程就会严重滞后,惠民工程就会成为怨民工程,群众自然不会答应,强拆是符合民意的。

【案情重温】

本案是强制征收以法律为准绳还是以民意为依据的争议案件。张某未经相关部门审批私自盖四层房屋,共计420平方米。后来因建设需要张某房屋处于征迁范围内,虽经多次协商,张某仍不予配合,导致建设工程停工,给施工单位造成了严重损失,并直接影响了铁路建设工程的顺利推进。为确保重点工程的顺利建设,张某的楼房被强拆。当时张某夫妇被强拉到镇公墓4个小时,返回时被丢公路边,留下一片废墟,这次强拆事件媒体称"8·9"案。后来,官方承认强拆事实,但理由是张某漫天要价,严重影响了工程进展,是不得已的强征行为,因地铁工程有利大众,所以强拆符合民意。

【处理意见】

因两次在征收中没有积极配合政府建设,在政府的强拆中张某的房屋终于被摧毁,夫妻也被限制在公墓4个小时。这种夜间强拆肯定是违法的,政府部门强拆是一种越权行为。强拆造成了张某的财产损失是一种侵权行为,不能因为修建具有公共利益性质的铁路而改变。显然政府征收部门应当承担侵权赔偿的责任,如果构成犯罪,相关人员可能还应该受到毁坏公私财物罪的刑事处罚。同时政府征收部门也应该汲取教训,在今后的工作中不能再犯这种低级错误。

【法律条文】

《中华人民共和国民法通则》第一百一十七条规定:侵占国家的、集体的财产或者他人财产的,应当返还财产,不能返还财产的,应当折价赔偿。

损坏国家的、集体的财产或者他人财产的,应当恢复原状或者折价赔偿。

受害人因此遭受其他重大损失的,侵害人并应当赔偿损失。

《中华人民共和国物权法》第三十六条规定:造成不动产或者动产毁损的,权利人可以请求修理、重作、更换或者恢复原状。

第三十七条规定:侵害物权,造成权利人损害的,权利人可以请求损害赔偿,也可以请求承担其他民事责任。

《中华人民共和国刑法》第二百七十五条规定:故意毁坏公私财物,数额较大或者有其他严重情节的,处三年以下有期徒刑、拘役或者罚金;数额巨大或者有其他特别严重情节的,处三年以上七年以下有期徒刑。

《中华人民共和国行政强制法》第四十三条第一款规定:行政机关不得在夜间或者法定节假日实施行政强制执行。但是,情况紧急的除外。

《国有土地上房屋征收与补偿条例》第二十八条规定:被征收人在法定期限内不申请行政复议或者不提起行政诉讼,在补偿决定规定的期限内又不搬迁的,由作出房屋征收决定的市、县级人民政府依法申请人民法院强制执行。

强制执行申请书应当附具补偿金额和专户存储账号、产权调换房屋和周转用房的地点和面积等材料。

【友情提示】

被征收房屋遭遇强拆尽管是个案,但给被征收人造成的损害不可低估,同时对政府的威信也会带来不良影响。当这种情况发生时,当事人应当在第一时间采取拍照、录像等方式做现场保全,并确定目击者,做好证人证言,同时还要拨打110报警,采取综合性的救济措施,如用行政、民事、刑事的手段来保护自己的利益。当然,政府更应反思在征地拆迁中其究竟应扮演什么角色,承担什么责任。如何在城市化进程中扮演好守夜人的角色,对和谐社会的构建起着至关重要的作用。

附录：

国有土地上房屋征收与补偿条例

第一章 总 则

第一条 为了规范国有土地上房屋征收与补偿活动，维护公共利益，保障被征收房屋所有权人的合法权益，制定本条例。

第二条 为了公共利益的需要，征收国有土地上单位、个人的房屋，应当对被征收房屋所有权人（以下称被征收人）给予公平补偿。

第三条 房屋征收与补偿应当遵循决策民主、程序正当、结果公开的原则。

第四条 市、县级人民政府负责本行政区域的房屋征收与补偿工作。

市、县级人民政府确定的房屋征收部门（以下称房屋征收部门）组织实施本行政区域的房屋征收与补偿工作。

市、县级人民政府有关部门应当依照本条例的规定和本级人民政府规定的职责分工，互相配合，保障房屋征收与补偿工作的顺利进行。

第五条 房屋征收部门可以委托房屋征收实施单位，承担房屋征收与补偿的具体工作。房屋征收实施单位不得以营利为目的。

房屋征收部门对房屋征收实施单位在委托范围内实施的房屋征收与补偿行为负责监督，并对其行为后果承担法律责任。

第六条 上级人民政府应当加强对下级人民政府房屋征收与补偿工作的监督。

国务院住房城乡建设主管部门和省、自治区、直辖市人民政府住房城乡建设主管部门应当会同同级财政、国土资源、发展改革等有关部门，加强对房屋征收与补偿实施工作的指导。

第七条 任何组织和个人对违反本条例规定的行为,都有权向有关人民政府、房屋征收部门和其他有关部门举报。接到举报的有关人民政府、房屋征收部门和其他有关部门对举报应当及时核实、处理。

监察机关应当加强对参与房屋征收与补偿工作的政府和有关部门或者单位及其工作人员的监察。

第二章 征收决定

第八条 为了保障国家安全、促进国民经济和社会发展等公共利益的需要,有下列情形之一,确需征收房屋的,由市、县级人民政府做出房屋征收决定:

(一)国防和外交的需要;

(二)由政府组织实施的能源、交通、水利等基础设施建设的需要;

(三)由政府组织实施的科技、教育、文化、卫生、体育、环境和资源保护、防灾减灾、文物保护、社会福利、市政公用等公共事业的需要;

(四)由政府组织实施的保障性安居工程建设的需要;

(五)由政府依照城乡规划法有关规定组织实施的对危房集中、基础设施落后等地段进行旧城区改建的需要;

(六)法律、行政法规规定的其他公共利益的需要。

第九条 依照本条例第八条规定,确需征收房屋的各项建设活动,应当符合国民经济和社会发展规划、土地利用总体规划、城乡规划和专项规划。保障性安居工程建设、旧城区改建,应当纳入市、县级国民经济和社会发展年度计划。

制定国民经济和社会发展规划、土地利用总体规划、城乡规划和专项规划,应当广泛征求社会公众意见,经过科学论证。

第十条 房屋征收部门拟定征收补偿方案,报市、县级人民政府。

市、县级人民政府应当组织有关部门对征收补偿方案进行论证并予以公布,征求公众意见。征求意见期限不得少于30日。

第十一条　市、县级人民政府应当将征求意见情况和根据公众意见修改的情况及时公布。

因旧城区改建需要征收房屋,多数被征收人认为征收补偿方案不符合本条例规定的,市、县级人民政府应当组织由被征收人和公众代表参加的听证会,并根据听证会情况修改方案。

第十二条　市、县级人民政府做出房屋征收决定前,应当按照有关规定进行社会稳定风险评估;房屋征收决定涉及被征收人数量较多的,应当经政府常务会议讨论决定。

做出房屋征收决定前,征收补偿费用应当足额到位、专户存储、专款专用。

第十三条　市、县级人民政府做出房屋征收决定后应当及时公告。公告应当载明征收补偿方案和行政复议、行政诉讼权利等事项。

市、县级人民政府及房屋征收部门应当做好房屋征收与补偿的宣传、解释工作。

房屋被依法征收的,国有土地使用权同时收回。

第十四条　被征收人对市、县级人民政府做出的房屋征收决定不服的,可以依法申请行政复议,也可以依法提起行政诉讼。

第十五条　房屋征收部门应当对房屋征收范围内房屋的权属、区位、用途、建筑面积等情况组织调查登记,被征收人应当予以配合。调查结果应当在房屋征收范围内向被征收人公布。

第十六条　房屋征收范围确定后,不得在房屋征收范围内实施新建、扩建、改建房屋和改变房屋用途等不当增加补偿费用的行为;违反规定实施的,不予补偿。

房屋征收部门应当将前款所列事项书面通知有关部门暂停办理相关手续。暂停办理相关手续的书面通知应当载明暂停期限。暂停期限最长不得超过1年。

第三章 补 偿

第十七条 做出房屋征收决定的市、县级人民政府对被征收人给予的补偿包括：

（一）被征收房屋价值的补偿；

（二）因征收房屋造成的搬迁、临时安置的补偿；

（三）因征收房屋造成的停产停业损失的补偿。

市、县级人民政府应当制定补助和奖励办法，对被征收人给予补助和奖励。

第十八条 征收个人住宅，被征收人符合住房保障条件的，做出房屋征收决定的市、县级人民政府应当优先给予住房保障。具体办法由省、自治区、直辖市制定。

第十九条 对被征收房屋价值的补偿，不得低于房屋征收决定公告之日被征收房屋类似房地产的市场价格。被征收房屋的价值，由具有相应资质的房地产价格评估机构按照房屋征收评估办法评估确定。

对评估确定的被征收房屋价值有异议的，可以向房地产价格评估机构申请复核评估。对复核结果有异议的，可以向房地产价格评估专家委员会申请鉴定。

房屋征收评估办法由国务院住房城乡建设主管部门制定，制定过程中，应当向社会公开征求意见。

第二十条 房地产价格评估机构由被征收人协商选定；协商不成的，通过多数决定、随机选定等方式确定，具体办法由省、自治区、直辖市制定。

房地产价格评估机构应当独立、客观、公正地开展房屋征收评估工作，任何单位和个人不得干预。

第二十一条 被征收人可以选择货币补偿，也可以选择房屋产权调换。

被征收人选择房屋产权调换的，市、县级人民政府应当提供用于产权调换的房屋,并与被征收人计算、结清被征收房屋价值与用于产权调换房屋价值的差价。

因旧城区改建征收个人住宅,被征收人选择在改建地段进行房屋产权调换的,做出房屋征收决定的市、县级人民政府应当提供改建地段或者就近地段的房屋。

第二十二条 因征收房屋造成搬迁的,房屋征收部门应当向被征收人支付搬迁费;选择房屋产权调换的,产权调换房屋交付前,房屋征收部门应当向被征收人支付临时安置费或者提供周转用房。

第二十三条 对因征收房屋造成停产停业损失的补偿,根据房屋被征收前的效益、停产停业期限等因素确定。具体办法由省、自治区、直辖市制定。

第二十四条 市、县级人民政府及其有关部门应当依法加强对建设活动的监督管理,对违反城乡规划进行建设的,依法予以处理。

市、县级人民政府做出房屋征收决定前,应当组织有关部门依法对征收范围内未经登记的建筑进行调查、认定和处理。对认定为合法建筑和未超过批准期限的临时建筑的,应当给予补偿;对认定为违法建筑和超过批准期限的临时建筑的,不予补偿。

第二十五条 房屋征收部门与被征收人依照本条例的规定,就补偿方式、补偿金额和支付期限、用于产权调换房屋的地点和面积、搬迁费、临时安置费或者周转用房、停产停业损失、搬迁期限、过渡方式和过渡期限等事项,订立补偿协议。

补偿协议订立后,一方当事人不履行补偿协议约定的义务的,另一方当事人可以依法提起诉讼。

第二十六条 房屋征收部门与被征收人在征收补偿方案确定的签约期限内达不成补偿协议,或者被征收房屋所有权人不明确的,由房屋征收部门报请做出房屋征收决定的市、县级人民政府依照本条例的规定,按照征收补偿方案做出补偿决定,并在房屋征收范围内予以公告。

补偿决定应当公平,包括本条例第二十五条第一款规定的有关补偿协议的事项。

被征收人对补偿决定不服的,可以依法申请行政复议,也可以依法提起行政诉讼。

第二十七条　实施房屋征收应当先补偿、后搬迁。

做出房屋征收决定的市、县级人民政府对被征收人给予补偿后,被征收人应当在补偿协议约定或者补偿决定确定的搬迁期限内完成搬迁。

任何单位和个人不得采取暴力、威胁或者违反规定中断供水、供热、供气、供电和道路通行等非法方式迫使被征收人搬迁。禁止建设单位参与搬迁活动。

第二十八条　被征收人在法定期限内不申请行政复议或者不提起行政诉讼,在补偿决定规定的期限内又不搬迁的,由做出房屋征收决定的市、县级人民政府依法申请人民法院强制执行。

强制执行申请书应当附具补偿金额和专户存储账号、产权调换房屋和周转用房的地点和面积等材料。

第二十九条　房屋征收部门应当依法建立房屋征收补偿档案,并将分户补偿情况在房屋征收范围内向被征收人公布。

审计机关应当加强对征收补偿费用管理和使用情况的监督,并公布审计结果。

第四章　法律责任

第三十条　市、县级人民政府及房屋征收部门的工作人员在房屋征收与补偿工作中不履行本条例规定的职责,或者滥用职权、玩忽职守、徇私舞弊的,由上级人民政府或者本级人民政府责令改正,通报批评;造成损失的,依法承担赔偿责任;对直接负责的主管人员和其他直接责任人员,依法给予处分;构成犯罪的,依法追究刑事责任。

第三十一条　采取暴力、威胁或者违反规定中断供水、供热、供气、供电和道路通行等非法方式迫使被征收人搬迁,造成损失的,依法承担赔偿责任;对直接负责的主管人员和其他直接责任人员,构成犯罪的,依法追究刑事责任;尚不构成犯罪的,依法给予处分;构成违反治安管理行为的,依法给予治安管理处罚。

第三十二条　采取暴力、威胁等方法阻碍依法进行的房屋征收与补偿工作,构成犯罪的,依法追究刑事责任;构成违反治安管理行为的,依法给予治安管理处罚。

第三十三条　贪污、挪用、私分、截留、拖欠征收补偿费用的,责令改正,追回有关款项,限期退还违法所得,对有关责任单位通报批评、给予警告;造成损失的,依法承担赔偿责任;对直接负责的主管人员和其他直接责任人员,构成犯罪的,依法追究刑事责任;尚不构成犯罪的,依法给予处分。

第三十四条　房地产价格评估机构或者房地产估价师出具虚假或者有重大差错的评估报告的,由发证机关责令限期改正,给予警告,对房地产价格评估机构并处5万元以上20万元以下罚款,对房地产估价师并处1万元以上3万元以下罚款,并记入信用档案;情节严重的,吊销资质证书、注册证书;造成损失的,依法承担赔偿责任;构成犯罪的,依法追究刑事责任。

第五章　附　则

第三十五条　本条例自公布之日起施行。2001年6月13日国务院公布的《城市房屋拆迁管理条例》同时废止。本条例施行前已依法取得房屋拆迁许可证的项目,继续沿用原有的规定办理,但政府不得责成有关部门强制拆迁。